U0937562

作者简介

张跃西 （1964–），生态学博士，旅游管理专业教授，硕士生导师，浙江省新世纪151人才。浙江省一流学科“工商管理（旅游管理学）”方向负责人，浙江外国语学院民进支部主委、现代服务业研究中心副主任。政协金华市第四届委员会委员、金华市第五届人大常委会委员、金华职业技术学院旅游与酒店管理学院原院长。中国未来研究会旅游分会副会长、浙江省区划地名学会副会长，浙江省生态学会旅游生态专业委员会主任。水利部水利风景区专家委员会委员，农业部休闲农业与乡村旅游专家委员会委员。主要研究方向：文化总部、养生旅游与区域发展战略。参与国家自然基金项目两项、主持省部级研究课题《生态旅游与浙江省区域发展战略》《地名文化国际传播机制创新及规范化》等8项、主持并完成《全国畲族文化总部发展规划》《浙江省地名文化遗产保护总体规划》《浙江省水利风景区建设规划》等横向项目50多项。发表学术论文70余篇。合作主编并在北京大学出版社出版《浙江现象与旅游创新》系列丛书一套（共九本250万字）；出版著作教材《新概念旅游学》《旅游危机管理》和《产业生态旅游理论与实践探索》等8部。曾获民进中央参政议政成果三等奖。

浙江外国语学院省级一流学科工商管理（旅游管理学）资助

新时代旅游国际化与战略转型研究

张跃西◎著

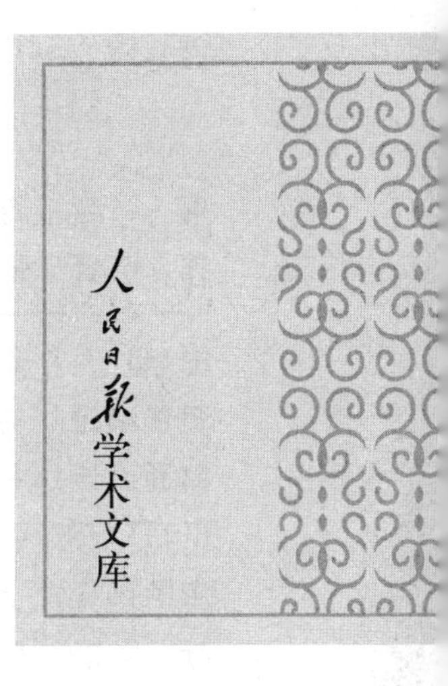

人民日报出版社

图书在版编目（CIP）数据

新时代旅游国际化与战略转型研究 / 张跃西著．
—北京：人民日报出版社，2018.7
ISBN 978-7-5115-5566-3

Ⅰ.①新… Ⅱ.①张… Ⅲ.①旅游业发展—国际化—研究—中国 Ⅳ.①F592.3

中国版本图书馆 CIP 数据核字（2018）第 148633 号

书　　名：新时代旅游国际化与战略转型研究
作　　者：张跃西

出 版 人：董　伟
责任编辑：王慧蓉
封面设计：中联学林

出版发行：人民日报出版社
社　　址：北京金台西路 2 号
邮政编码：100733
发行热线：（010）65369509　65369846　65363528　65369512
邮购热线：（010）65369530　65363527
编辑热线：（010）65369533
网　　址：www.peopledailypress.com
经　　销：新华书店
印　　刷：三河市华东印刷有限公司

开　　本：710mm×1000mm　1/16
字　　数：245 千字
印　　张：15
印　　次：2018 年 8 月第 1 版　2018 年 8 月第 1 次印刷

书　　号：ISBN 978-7-5115-5566-3
定　　价：68.00 元

序

记得第一次相识张跃西教授，是三年多前在王旭烽教授家里。当时，主要是就王旭烽教授负责的浙江省生态文化研究中心（省部级生态文化研究基地）和浙江农林大学生态文明研究中心的有关工作进行讨论。跃西教授提出，研究中心可趁杭州举办G20峰会之机，举办一次生态文明博览会。这一设想很新颖，给我留下了深刻印象。

后来，我应王旭烽教授邀请到浙江农林大学讲学，跃西教授开车接我，并很认真地听取了我的讲座，回途中，我们又进行了一些交谈，加深了彼此的了解。

近年来，跃西教授多次找我探讨有关学术研究问题，积极参加我主持的浙江省哲学社会科学重点项目“习近平大卫生大健康思想及其在浙江的实践”、浙江省海洋与渔业局重点项目“习近平经略海洋的战略思想与浙江实践”等课题研究。我们还共同研究撰写了《我国大数据面临的安全问题与建议》，得到有关部门的重视。

经过这几年的接触交流，我感觉跃西教授很勤奋、有激情，善学习、有悟性，脑子灵、有智慧，接地气、有情怀。他在金华工作期间，先后担任金华市政协委员和人大常委会委员，积极主动“围绕中心、服务大局”开展扎实的课题调研，热心于社会服务工作，提出了许多很好的“参政建言”。到杭州工作后，一直担任浙江外国语学院民进支部的主委，注重从国家和全省的大局和较高视野调研思考一些重大问题，积极建言献策，不少建议得到有关部门采纳，产生了很好的社会影响。

最近，跃西教授把他2012年以来研究工作积累的成果，汇集形成《新时代旅游国际化与战略转型研究》一书，也算是多年磨一剑。概览全书，感觉有以下特点。

其一，反映了新时代研究的要求。中国特色社会主义进入新时代，意味着近代以来久经磨难的中华民族终于迎来了从站起来、富起来到强起来的伟大飞跃。党的十九大报告明确提出"把我国建成富强民主文明和谐美丽的社会主义现代化强国"的时间表和路线图；还提出"要以'一带一路'建设为重点，坚持引进来和走出去并重，遵循共商共建共享原则，加强创新能力开放合作，形成陆海内外联动、东西双向互济的开放格局"。其书中许多调研课题和建言献策，大多围绕新时代经济社会转型和国际化进程展开的，反映了新时代转型发展的需求。

其二，有较高的学术和决策参考价值。书中的选题坚持社会需求和问题导向，具有较强的针对性和政策性。如围绕"一带一路与浙江国际化"，提出实施大东海战略、打造妈祖圣山、创建海丝文化总部、优化杭州国际旅游形象及强化杭州"一带一路"枢纽功能等重要建议；围绕"文化自信与教育国际化"，提出纠偏国内英语教育刻不容缓、加强复合应用型人才培养和创建国际化校园的重要建议；围绕"旅游产业转型与国际化"，提出优化智慧旅游策略、发展蓝色旅游和避暑经济、创新生态旅游理论及优化海港铁路交通网络助推国家东部生态文明旅游区等思路；围绕"会展产业创新与国际化"，提出杭州拓展国际会展业和打造国际会展旅游城市的新思路；围绕"生态文明与绿色崛起"，从生态主体功能区规划、太湖治理、五水共治到产业生态旅游融合发展进行探索；围绕"养生旅游与健康中国"，提出养生茶馆、养生体育及养生公园一系列新观点和新理论；围绕"传统文化保护与文化强国"，提出实施文化总部工程、加强地名文化保护、优化国际传播机制以及出台《地名法》等重要对策建议。书中大多调研建议，分别通过社情民意和政协提案等形式被有关部门采纳。

其三，体现了浓浓的爱国敬业情怀。作为浙江外国语学院民进支部的主委，跃西教授爱国、爱党、爱浙江、爱人民，积极履行民主党派参政议政的职能，努力"为国家尽责、为执政党助力、为社会服务"。为研究一个课题，提出一个议案,常常深入各地和农村调研,查阅大量史料,听取各方面的意见。由此,书中字里行间,体现了跃西教授履行民进会员职责的心路历程,以及所拥有的扎实研究功底、深厚的家国情怀和奋斗进取精神。

总起来说,本书的最大特点,是善于从司空见惯的事物中捕捉新问题并提出自己的真知灼见。由此,本书对有关部门和从事研究的同志,拓展和提高思维眼光,提高调查研究能力,提高决策咨询水平等,大有裨益,也大有参考价值。

郭占恒

2018 年 2 月 25 日于杭州

目　录
CONTENTS

第一篇 01

国家安全与战略保障

撬动大东海战略合作
积极应对美国战略安全威胁

党的十九大报告明确提出“两个一百年目标”，向全世界宣告中国要和平崛起，要成为世界强国，要维护全球中国利益。对此，美国必然会不断地制造冲突“找麻烦”，新年伊始公然入侵我南海黄岩岛领海就是表现。中美战略冲突与博弈已经在所难免，我们如何积极应对，已经成为当务之急。因而，我们必须有充分的“预案”准备。

中日韩的战略合作与共赢发展，是新时代的必然选择。为此，我们必须团结一切可以团结的力量，应对来自美国的战略威胁。积极谋求中日韩命运共同体战略合作的最大公约数，运用世界战争遗产撬动大东海战略合作，值得高度关注和深入研究。

根据 2017 年（预测）世界各国经济 GDP 总值排名情况，大东海地区合计 18.5 万亿美元（中国 12.3 万亿美元，日本 4.2 万亿美元，韩国 1.5 万亿美元，台湾地区 0.5 万亿美元）与美国 18.7 万亿美元旗鼓相当。大东海周边三个国家的实力在全球举足轻重。我们有理由认为，大东海是亚洲乃至世界和平发展的动力源泉和发动机。大东海的发展实力和潜力，是世界上任何其他地区难以比拟的。什么时候大东海人民团结了，什么时候就能够创造辉煌。20 世纪 60－90 年代的和平相处，就创造了亚洲“四小龙”世界经济奇迹。

历史上，大东海地区的人民饱受世界各种战争之苦。这里遗留下众多的世界级战争遗产，比如绝无仅有的原子战争遗产（日本长崎广岛）、细菌战争遗产（中国宁波金华）、宁波招宝山抗法威远炮台遗产和郑成功收复台湾战争遗产等等。世界战争遗产，是值得珍视的“非遗”。世界战争遗产不仅警示和教育大东海人民

“落后就要挨打”，还成为一个永恒的存在，永远昭示着“外来威胁是大东海人民灾难深重的根源”。

为了共同有效应对美国的战略威胁，当务之急是要谋求中日韩战略合作，运用东方智慧，争取大东海命运共同体战略博弈的决定性胜利。具体建议如下：

一、积极搭建新型平台。推动相关国家联合申报大东海“联合国世界遗产”，加快开发“世界战争遗产”文化旅游，充分发挥世界战争遗产的文化价值、经济价值和地缘政治价值。

二、构建大东海命运共同体。中国应主动积极发挥领导作用，立即行动起来，组织大东海人民打造“命运共同体”。新时代背景下，中国要尽快破解中日韩“史结”，落实“一带一路”实现互利共赢，加快推进“东亚自由贸易区”。深化大东海战略合作，加快推进中国（甬台温）大东海城市群，积极打造亚洲智能制造中心。

（《浙江民进信息》2018 年第 22 期）

东海国际旅游合作与世界战争遗产文化旅游开发探讨

东海周边三国是世界上拥有最旺盛的经济活力和巨大的旅游发展潜力的地区，加强东海的国际旅游合作，促进该区域和平发展，具有极其重大的战略意义和地缘政治意义。美国实施“亚洲再平衡战略”并借朝鲜核试验的机会一再军演和威胁部署萨德系统，再次唤醒人们对二战遗产和战争伤痛的关注。在中日韩深化旅游合作的大背景下，本文就东海及其周边的二战遗产文化资源发掘保护与文化体验旅游开发等进行了系统化思考，在分析东海战争遗产资源价值的基础上，从战略目标定位、功能分区、空间布局、战略措施与支撑体系以及国际合作机制等方面进行了探讨，并重点就日本广岛核战遗产旅游、上海淞沪保卫战、南京大屠杀遗址、浙江日军细菌战遗产旅游、台州古长城及一江三岛战争遗产旅游以及“中国台湾地区”郑成功文化遗产旅游等进行体验旅游产品设计，在国际旅游合作机制创新以及区域交通设施与城市旅游配套等方面提出了有益的探索，试图运用全息化大数据技术为遗产文化旅游发展提出一条新路子，具有重要的现实意义。

东海自古便承载着深厚的历史文化，《庄子》中有不少歌颂东海之文，有云东海之大乐，赞美东海胸怀之广，境界之高，气象之大，“福如东海，寿比南山”则是表达美好祝愿的传统习语。东海之滨，海岛环绕，海岛居民逐渐形成与自然环境相适应的生活方式，留下人海和谐的文化遗产，“开洋节”“开渔节”“谢洋节”“祭海大典”等渔家习俗表现出海岛人祈求海上平安、风调雨顺、盼望丰收的愿景，以及对东海的尊重与感恩，是东海祈福文化的重要体现。东海周边在历史上又是动荡之区，战争不断，从明朝抗倭至第二次世界大战，积累了大量战争文化遗产，比如南京大屠杀遗址、浙江日军细菌战遗址、鸦片战争遗址等，保护开发战争文化遗产，既是对历史的铭记与尊重，更是和平发展的要求。

东海周边地区经济实力雄厚，旅游发展蒸蒸日上，中国“一带一路”倡议将有效推进东海周边三国合作发展。东海人类战争遗产文化广泛分布于东海周边三国，价值较高，保存完好，优势明显。东海，乃祈福文化与战争文化的矛盾体，所谓“祸兮，福之所倚，福兮，祸之所伏”，福祸相倚的东海，需要和平发展。然而东海地区的和平发展受到美国的威胁，其“亚洲再平衡战略”挑拨东亚各国之间的友好关系，威胁东亚地区安全，迟滞东亚一体化进程。面对美国的挑战，东亚三国应以文化旅游业为切入点加强国际合作，挖掘东海世界战争遗产文化，系统融合战争遗产文化与祈福文化，推进东海国际旅游品牌建设，共建和平幸福东海。该区域战争遗产文化需要充分挖掘和系统整合，实现战争遗产文化旅游国际化，势在必行。

一、东海战争遗产旅游资源价值分析

（一）东海战争遗产旅游资源的分类

战争遗产旅游是指以人类战争遗迹遗存为对象，铭记历史，珍爱和平为目的的旅游活动。战争遗产旅游与红色旅游相互区别又相互联系，红色旅游主要以抗日战争和解放战争的遗产为对象，弘扬爱国主义和革命精神，促进革命老区经济发展，红色文化是战争文化宝贵精神遗产之一。

1. 东海区域主要战争分析

东海海域辽阔，资源丰富，周边富庶，是海上交通运输要塞，亦是中国的东门户，近代以来，东海区域战事频繁，征伐不断。表1列举了历史上发生在东海区域的著名战役。

表1　东海周边区域著名战役举例

时　间	地　区	事件
1592－1598	中国东部沿海、朝鲜	明朝抗倭战争，朝鲜称壬辰战争
1661	中国台湾	郑成功收复台湾
1683	中国台湾	施琅指挥清军水师先行在澎湖海战对台湾水师获得大胜，郑克塽率臣民降清
1841	厦门、舟山、宁波	鸦片战争，攻陷鼓浪屿、厦门、定海、镇海（今宁波）及乍浦（浙江平湖）

续表

时间	地区	事件
1872	琉球	日本侵略中国琉球
1884	福建马江流域	中法马江海战
1895	中国台湾	甲午战后,台湾军民抗日反割台
1937	上海周边	中日淞沪会战
1940 - 1942	宁波、衢州、金华、丽水等地	日军对浙细菌战
1945	日本冲绳	冲绳战争
1945	日本广岛、长崎	日美核战
1949	上海	渡江战役
1949	金门岛	金门保卫战
1955	台州湾	一江三岛战役

2. 东海战争遗产旅游资源分类

战争遗产可分为物质战争遗产和非物质战争遗产,物质战争遗产主要是有形的战场遗址遗迹、战争博物馆、纪念碑、文字资料等战争文物和遗迹等,而非物质战争遗产则是无形的战争文化、精神,以及关于战争的文学艺术等。

(1)东海物质战争遗产旅游资源

表 2　东海物质战争遗产举例

类别	遗产资源
战场遗迹、战争旧址	定海城西隅晓峰岭为鸦片战争战场遗址、上海市宝山区临江公园、淞沪会战战场遗址、富阳日军投降仪式旧址、千人坑遗址、冲绳战争遗址公园
纪念馆、纪念碑	南京大屠杀纪念馆、解放一江山岛纪念馆、合肥渡江战役纪念馆、郑成功纪念馆、舟山鸦片战争纪念馆、淞沪会战纪念馆、一江三岛纪念塔碑、富阳千人坑纪念碑
其他实物载体	一江三岛烈士墓区、日军细菌战文字档案资料、南京大屠杀相关档案与视频资料、马江海战马限山麓烈士墓群、台州江南长城军事防御建筑、戚继光雕像、冲绳和平之楚战士名字墙

(2)东海战争非物质文化遗产旅游资源

东海区域长期历史战争中,形成了爱国主义、顽强斗争、不屈不挠、珍爱和平等优秀精神,是人类宝贵精神财富。东海非物质战争遗产主要包括与战争相关的艺术作品,战争精神,英雄人物事迹等。明朝抗倭英雄戚继光留下了众多宝贵的战争文化作品,比如自创的鸳鸯阵,军事著作《纪效新书》《练兵实纪》等,诗文集《止止堂集》[1];抗日战争中的《南京南京》等。东海区域也成就了一批英雄人物,明朝郑成功收复台湾;唐景嵩、丘逢甲等人反对割让台湾;张爱萍指挥一江三岛战役,解放舟山等,并由此衍生出众多战争题材的影视作品。战争精神是战争文化的重要组成部分。

(二)东海发展战争遗产旅游的SWOT分析

表3　东海战争遗产旅游SWOT分析表

内部优势 / 对策 / 外部机遇与挑战	优势(S)	劣势(W)
机遇(O): 东海三国合作意识增强,2015年11月,中日韩首脑会谈在首尔重启,一致同意领导人会议应定期举行,计划积极推动约五十多个政府间协商机制的发展;重申维护朝鲜半岛及东北亚和平稳定符合共同利益。[2]宁波当选2016年东亚文化之都,将有效推动中国文化走向世界,促进东亚三国文化交流与旅游合作。国际旅游市场前景良好,2015年,前往亚太地区的游客近2.77亿人次,[3]并呈现逐年增长的趋势,市场潜力巨大。	东海区域战争遗产资源分布广泛,类别多样,保存完好,价值较高,有发展战争遗产旅游的绝佳条件。 大东海地区经济活力旺盛,新兴产业发展迅速,经济总量居全球之首。创新能力强,科技实力名列前茅。2015年,日本全球百强创新机构数量居全球首位,并有15家机构连续五年入榜。 大东海区域三国地缘相近,文化相通,拥有祈福文化、禅茶文化、丝绸瓷器文化、海洋文化、儒释道文化等,东方文化独树一帜,魅力无限。	东海横隔,旅游旅游可进入性不强,部分区域交通不便。 战争遗产资源零星分布于中日韩三国,资源价值参差不齐。 因国别之差,战争遗产文化未能充分挖掘和系统整合,融合领域狭窄,战争遗产文化旅游未能实现国际化。 战争遗产旅游发展战略目标不明确,支撑体系不健全,合作机制有待提升。

续表

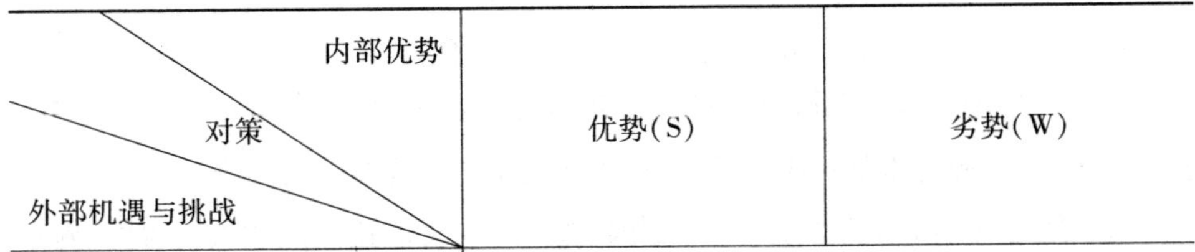

内部优势 / 对策 / 外部机遇与挑战	优势(S)	劣势(W)
挑战(T)： 国际环境复杂，美国实行亚太再平衡战略，挑拨三国友好关系，中日韩旅游合作将面临巨大挑战。 旅游市场上战争主题旅游产品层出不穷，东海战争遗产旅游将面临激烈的市场竞争。	“四地两区一总部”发展战略。一个文化总部：东海文化产业多元，拥有祈福文化、战争文化、丝路文化、禅茶文化、海洋文化、儒道文化等优势文化，我们以战争遗产文化为核心，融合其余优势文化，创建“东海文化总部”。四个战争遗产地：依据东海区域战争遗产分布状况，将东海区域划分为抗日战争遗产地、抗倭战争遗产地、台湾系列战争遗产地、核战争遗产地。两个国际旅游示范区：运用旅游融合体理论，整合东海优势资源，创建以舟山群岛、济州岛、冲绳岛为核心的国际海洋海岛旅游示范区，以台州、温州、舟山为基地，创建祈福文化、禅茶文化、儒道智慧体验发展示范区。	

二、东海战争遗产旅游发展战略

（一）创建东海文化总部。东海周边，文化产业多元，拥有祈福文化、战争文化、丝路文化、禅茶文化、海洋文化、儒道文化等优势文化。东海文化的根，在中国大陆。台州的天台山是佛宗道源，这里的天台宗佛教有汉化佛教第一宗。道教养生文化也特别丰厚。东海为幸福祥和之海。因此，台州可以打造“东海文化总部”。

（二）空间格局设计

基于东海战争文化遗产资源的分布特点，结合东海祈福文化、茶文化、儒释道文化等优势文化，我们将东海确立为“四地两区”空间格局，即四个战争遗产地，两个发展示范区。“四个战争遗产地”即是抗日战争遗产地、抗倭战争遗产地、台湾系列战争遗产地以及核战争遗产地。“两个发展示范区”即国际海洋海岛养生旅游示范区和祈福文化儒释道智慧体验示范区。

1. 四地战争文化遗产

(1)抗日战争遗产地。抗日战争遗产地依托日军对浙细菌战、上海淞沪会战、南京大屠杀等战争遗产，充分挖掘战争遗产价值和抗战精神，利用科技手段，再现战争场景,发展战争文化体验。开展爱国教育,警示战争祈求和平。

(2)抗倭战争遗产地。抗倭战争主要发生在浙闽沿海地区,其持续时间长,殃及地区多。抗倭战争遗产地以戚继光抗倭遗存遗迹为核心,挖掘中法马江海战、鸦片战争遗产,福建水师军事资源,实现古代战争与近代军事的融合。

(3)台湾系列战争遗产地。台湾战争遗产地主要依托郑成功收复台湾、施琅收复台湾、台湾军民反割台等战争,以台湾休闲农业和民宿为主导,发展战争文化主题民宿,开展台湾解放纪念活动,抗战主题演讲比赛、征文活动等。结合台湾优美自然生态环境,开发生态养生、美食养生产品,依托其优势区位,发展海洋旅游体系,开发战争文化主题邮轮游艇旅游体系。

(4)核战争遗产地。核战争给环境带来巨大危害,核战争遗产地依托美日核战争遗址,发展核能新能源产业,适应经济发展要求,创建生态环境治理示范工程,展览环境治理技术,搭建环境治理交流平台,开展环保活动,呼吁建设和谐、美丽、绿色世界。

2. 两个示范区

(1)国际海洋海岛旅游示范区。国际海岛旅游示范区以济州岛为核心,创建舟山群岛、大陈岛、南麂岛、台湾岛、济州岛等系列海岛旅游示范基地,依托海岛特色文化,发展深度海岛文化体验旅游,建立邮轮合作机制,开发海岛邮轮精品路线,发展冲浪、潜海、深海景观等深海体验产品。济州岛可发展海岛度假、旅游购物等,舟山群岛以佛教文化为核心,深入挖掘渔文化、武侠文化,实现文化体验多元化。

(2)祈福文化儒释道智慧体验发展示范区。中国先哲对水文化领悟极深,观海而悟道,察水而明理,东海蕴含着儒道文化之智慧。浙江是海上丝绸之路的起点,天台山乃佛教、茶道之祖山,是禅茶文化的发源地。祈福文化、禅茶文化儒道智慧体验发展示范区以舟山、台州、宁波、温州为基地,充分挖掘祈福文化、禅茶文化以及儒道文化的内涵,打造东海文化体验旅游系统,发展养生体验、儒道文化体验系列产品。可开展国学课堂、书法比赛、佛经抄录、佛寺清修、茶艺大赛、茶饮养生美食、渔家文化节、祈福等系列体验活动。

(三)构建三大战略支撑体系

1. 以台州为中心成立大东海旅游城市联盟。充分利用中日韩旅游合作机制,减少东海区域国际旅游障碍。深化东海旅游市场的开放度,减少影响旅游者流动性的制约因素，简化入境手续、制定免签政策，鼓励双向及多国旅游，推进东海区域旅游开发合作的实质性发展。大东海旅游城市联盟可建立国际城市旅游合作机制，共同开发战争文化遗产精品线路，推出深度体验旅游系列产品，加快形成“东海国际旅游圈”。

2. 完善交通格局，覆盖东海交通网。建设台湾海峡隧道，东岸从台北盆地到屏东平原，西岸从福州盆地到漳州平原，两岸形成一小时都市圈，连成一体，成为台海经济区的核心区，未来这个核心区将可能形成一个人口达到6000万～8000万的世界级都市圈，而跨海通道工程将是至关重要的催化剂，同时也将受益于这个都市圈。而内地正在进行钉耙型港路网建设，与东海沿岸港口形成辐射作用，将带动内地旅游经济发展。台海隧道与钉耙型港路网的覆盖将大陆旅游与大东海旅游相互连接，使港口－腹地的辐射功能得到有效发挥。加强海底隧道建设技术交流，努力达成建设中日韩东海海底隧道的共识，缩短交通距离，力促东海旅游发展。

3. 成立东亚自由贸易区。中日韩为东亚主要国家，近年来，前往日韩旅游购物的中国游客持续增加，中日韩三国应加强合作，积极创建亚洲自由贸易区。中国可在舟山、厦门、上海等旅游城市建立“自由贸易区”，免除关税，与韩国、日本等国家合作，销售海外商品，诸如电器、化妆品等，推进东亚旅游贸易发展。

（四）国际旅游合作机制优化探讨

东海区域各国家是一个命运共同体。只有合作才能多赢，才能更好地发展，东海区域各国应树立旅游命运共同体的共识，以旅游命运共同体为导向，创新旅游发展战略，实现互惠共赢。

1. 创新区域合作政策与制度，实现全方位旅游互利合作。东海区域合作需要各国政府提供政策支持，可创建大东海区域旅游合作模式，采取空间整合、战略合作的模式，构建大东海区域旅游资源整合体系、旅游产品开发体系、品牌营销体系，借鉴欧盟合作经验，正如迈克·格莱默所说：“我们想把柏林墙之路的概念扩大到欧洲的范围。”深化东海全域旅游意识，制定区域合作制度，颁布区域合作基本准则，为大东海区域合作提供制度支持。

2. 举办大东海国际旅游合作论坛。在台州定期举办“东海国际旅游合作发展论坛”，并将海门古城作为永久论坛举办地，适时发布《区域旅游合作大东海共识》。大东海国际旅游合作论坛由政府牵头，以促进大东海国际旅游发展为宗旨，每年在大东海区域国家之间轮流举办，旅游合作论坛制定当年旅游合作战略，洽谈大东海旅游开发等方面的合作，交流借鉴各方旅游发展经验。

3. 成立东海国际旅游合作委员会及专家委员会。邀请国内外旅游权威专家学者成立国际旅游合作委员会及专家委员会，组建东海旅游发展的智囊团，专门对东海国际旅游发展及国际协同以及提升东海旅游国际竞争能力进行科学研究提出发展对策，为东海国际旅游健康发展提供科学指导。

4. 创新大东海旅游产业的投融资机制。在亚洲基础设施投资银行和亚洲开发银行基础上，上海积极创建东海国际旅游产业发展基金，充分吸收社会闲散资金，积极探索实行 BOT(Build Operate Transfer)与 PPP(Private Public Partnership)相结合的融资模式，减轻政府的财政负担同时又能保证旅游产业的健康发展。

三、东海战争遗产旅游产品设计构想

（一）东海战争文化遗产公园。战争文化遗产是人类历史的重要载体，它并非是对人类文明的歌颂或赞美，而是对人类战争和苦难经历的反思和纪念。作为遗址保护和更新的重要载体，遗址公园集中了遗址保护、爱国主义教育、传承历史记忆、生态环境保护等多种功能，具有和一般城市公园不同的独特性。台州，拥有江南古长城，又是海丝之路的重要起点之一，历史文化底蕴深厚，战争遗产资源丰富，区位优势明显，可作为东海战争文化遗产公园选址。东海战争文化遗产公园将是以历史上东海周边的著名战役为背景，现代高科技为表现手段，立足军事特色的主题公园。战争遗产公园分为展览区、墓群区和战争文化体验区。

1. 军事展览区。展览区展示东海自古以来的战争历史、军事策略、战争武器、军事名人等，以科技展览为主要手段，重现历史场景，还原历史真相，激发人们对和平的向往。具体布局为：(1)战争文化展区。主要展示东海区域各大战役，建立东海战争时间轴，充分展现自抗倭战争至二战的各大战役，营造穿越历史感。利用翔实的图片视频资料、文字资料，展出战争文物，开辟战争武器展厅，展览各历史时期的兵器和近现代高科技武器。(2)军事名人展区。展示东海各大战争中的著名军事家，比如抗倭英雄戚继光、郑成功、张爱萍、丘逢甲等，介绍军事名人的生平，艺术成就，主要功绩，主要人生经历，弘扬其爱国精神，发扬艰苦奋斗、不屈不挠的优秀传统。(3)战争文化系列基础设施。战争遗址公园内的基础设施要突出军事色彩，公园内座椅、垃圾桶、建筑、游览车等可添加战争文化元素，体现战争主题,建立军事主题餐厅、军事主题酒店,遗产公园工作人员统一穿着军装。

2. 战争死难者墓群区。建立烈士墓群,抗战胜利纪念日、南京大屠杀纪念日可开展缅怀先烈活动,墓群区以庄严肃穆为主基调,周围配套建设相关纪念碑和纪念馆。纪念馆可开展战争纪念晚会、红歌会、战争文化主题演讲比赛等活动,发展战争文化讲坛,邀请专家学者解读战争,充分挖掘战争文化内涵。

3. 战争文化体验区。战争文化体验区主要开展一系列战争文化体验活动,发挥战争文化可体验、可教育、可纪念、可传承的功能。(1)战场4D实景体验。对历史进行生动再现,营造真实战场场景,优化设计古战场和配套武器,利用科技手段,营造当时的战争气氛,游客可选择战争中的任意一方,参与战斗,深刻体验战争。(2)武器娱乐活动。可开展射击比赛,军事指挥比赛等活动,利用坦克、直升机、冷兵器等战争武器开发系列体验活动,满足游客好奇心。(3)战争主题会演。将战争历史编成主题歌舞剧,生动表现战争故事、英雄人物事迹等,比如细菌战主题演出、抗倭战争主题演出等,丰富旅游产品的内涵。(4)战争影视基地。战争遗产公园可开辟战争影视拍摄基地,邀请知名剧组到此拍摄电影、电视剧,提升东海战争遗产公园的知名度,同时,发展战争主题写真拍摄,使游客成为战争中的主角。(5)战争农耕体验。抗日战争中,战士们在后方自耕自种,发展农耕,自给自足,可发展战争农耕体验,在战争环境下参与农耕,发扬艰苦奋斗的抗战精神,传承优良传统。(6)儿童漫画节。战争遗产公园应充分发挥其教育功能,引发人们对战争的思考。举办儿童漫画节,鼓励孩子用漫画形式表达自己对战争的理解和看法,增加趣味性。

(二)反人类战争博物馆

二战期间,东海周边发生核战、细菌战等反人类战争,以核战、细菌战的主要发生地长崎、金华义乌为基地,建立反人类战争体验博物馆。依托义乌国际商贸城,创建义乌中国细菌战博物馆,可深化对核战、细菌战危害的认识,告诫人们珍爱和平,爱护环境。体验旅游时代,以博物馆的形式开发战争文化遗产缺乏文化展示和体验空间,已不能适应新常态下旅游发展的需要。我们将秉承“大博物馆”的理念,拓展空间,采取整体复原和空间拓展开发模式,[4]将反人类战争遗址及其周边资源作为一个整体景区进行开发,为文化展示和旅游体验提供空间。反人类战争博物馆分为博物馆区、会展中心区、纪念区、文化体验区。

1. 创建“反人类战争博物馆”。主要内容有:(1)反人类战争展览区。利用视频图片资料立体展现战争情景,表现战争的残酷和给人民带来的深重灾难,开辟战争文物展区,生动展出核战、细菌战的相关档案资料、实物载体等。(2)反人类战争体验区。置身核战、细菌战场景中,体验战争发生的经过,学习细菌战中的防治技能;开展核知识、微生物知识学习活动,正确认识其功能与危害,开阔科学视野。(3)战后环境治理及科学研究展示区。反人类战争不仅给世界人民带来伤痛,也对环境造成极大破坏。战后环境治理与科学研究展示区展览战争过后,环境治理工程、环境恢复过程,树立环境保护意识;展示核能的科学利用,搭建东海科学技术交流平台,共同为人类谋福祉。

2. 设立反人类战争纪念区。纪念区建设战争受害者以及烈士纪念馆,每逢战争纪念日开展纪念活动,举行反人类战争主题文艺汇演。复原战争时期军民使用的实物,运用艺术手法展现战争带来的困苦,比如打造人脸表情墙,给人以深刻的视觉体验。

3. 建设祈福文化会展中心区。细菌战、核战均依托先进的科学技术,和平时代可深入开展生物技术、新能源技术研究。会展中心将是东海三国科学技术交流的平台,可举办生物技术、核技术研究交流会,铭记历史的同时,利用科技造福人类。

4. 设立战争文化体验区。文化体验区主要体验20世纪战争年代的生活娱乐方式和军旅生活,配置主题餐厅、主题民宿等服务设施,主要体验活动有:(1)回到20世纪。入住民国主题民宿,自耕自种,日出而作日入而息,制作20世纪美食,体验20世纪居民的生活方式,传承勤劳勇敢的美德。(2)我是文艺兵。扮演文艺兵参加歌唱、舞蹈、话剧等活动的排练,与文艺兵一同登台演出,评选优秀文艺兵,并授予荣誉,满足其成就感。(3)策马奔腾。抗日战争时期,军资相对匮乏,以马代步乃是常事,可开展赛马比赛、马上射击、马上表演等活动。(4)军旅体验。军旅生活不仅磨炼意志,也具有重要的教育意义,可开展军旅夏令营、长征体验、军事训练、武装设备体验等活动,提升身体素质,培养团队精神,增加对国防军事的了解。

主要体验活动有:(1)阵法比拼。戚继光自创鸳鸯阵,并留下诸多军事著作。可举办阵法比拼活动,布阵破阵,体验古代作战的奥妙。(2)水师体验。福建水师是近代中国三大水师之一,是学习西方军事的成果,在马江海战中发挥了重要作用。水师体验活动将带领游客深度体验水师作战。(3)抗倭主题戏曲节。民间流传众多抗倭英雄的故事,戏曲节可将这些故事编入戏曲,传播正能量。

(三)东海战争遗产文化旅游线路设计

1. 战争文化体验游:南京大屠杀纪念馆——义乌细菌战博物馆(宁波金华衢州细菌战遗址)——台州(古长城、一江山岛)——温州(抗倭遗址、祈福文化体验、海洋文化体验)——台湾(郑成功、台湾系列战争文化体验、战争主题民宿体验)——冲绳(冲绳战争遗址公园)——长崎广岛(核战争文化遗址)。

2. 海丝之路文化体验游:杭州(丝绸文化体验、茶文化体验、陶瓷文化体验)——舟山(佛儒道智慧体验、武侠文化体验、渔文化体验)——宁波台州金华台州温州养生文化体验——韩国(济州岛美食体验、美丽产业旅游)——日本(茶道体验、禅茶养生体验、日本美食体验)——“台湾”(观光农业及主体民宿体验)。

3. 海岛养生体验游:舟山群岛(朱家尖)——台州(大陈岛)——台湾岛(环岛骑行体验、养生美食体验)——韩国济州岛(海岛度假、深海旅游体验、购物天堂)——冲绳(海岛度假、深海旅游体验)。

4. 新型工业旅游:上海(高新科技产业体验游、参观上海科技馆)——台州(汽车文化博览园)——宁波、舟山(造船遗址文化体验、生物养殖体验)——台湾(科技产业文化体验)——北九州(参观“硅谷”)。

结　语

在中日韩深化国际旅游合作的背景下,系统整合东海区域战争遗产文化旅游资源和优势文化产业,提出了创建东海文化总部,打造东海旅游国际品牌的发展战略。以“命运共同体”为导向,优化国际旅游合作机制,构建东海战争遗产旅游的支撑体系,并策划了战争遗产系列体验旅游产品,为大东海三国深化国际旅游合作提供了新思路。东亚三国只要坚持融合发展和创新发展,深化命运共同体的共识,东海一定能够成为世界上最重要的国际旅游中心。“福如东海”造福亚洲,一定能够成为现实。

参考文献

[1]周潇. 戚继光文学成就评述[J]. 东方论坛,2011,(01).

[2]姜跃春. 中日韩首脑会晤重启与三方合作的未来[J]. 当代世界,2015.

[3] UNWTO. International tourists arrivals [J]. UNWTO Tourism Highlights,

2015,10:4 -5.

[4]林玉军. 基于游客体验需求的“大博物馆”理念探讨——兼论文化遗产保护与旅游开发问题[J]. 中国博物馆,2013,(04).

[5]李林. 体验经济时代的博物馆变革与反思——以美国康纳派瑞历史博物馆创新经营模式为案例[J]. 东南文化,2015,(04).

[6]李刚. 东北亚区域国际旅游协同机制研究[J]. 旅游科学,2008,22(02).

（本文由张跃西和钟静合作完成）

研究出台《大数据保护法》，切实保障大数据安全

当前，人类社会已经进入万物皆可数据化的大数据时代。大数据的争夺与管控，直接关系到国家竞争力与国家安全。纵观当今世界，发达国家都把大数据安全放到国家安全的最高位置。美国国家安全局（NSA）和联邦调查局（FBI），早在2007年就启动了代号为“棱镜”的秘密监控项目，直接进入美国互联网公司的中心服务器，挖掘数据、收集情报，包括微软、雅虎、谷歌、苹果等在内的9家国际网络巨头皆参与其中。“菱镜门事件”之后，世界各国都加强了对大数据的安全防护。德国被誉为“欧洲信息安全的典范”，早在1977年就颁布了《联邦数据保护法（BDSG）》，奠定了德国数据信息保护的法律基础。随后2009年又对《联邦数据保护法》进行了修订，其约束范围囊括了互联网等电子通信领域，旨在防止因个人信息泄露导致的侵犯隐私行为。同时，德国还通过一系列战略方案和具体行动来加强大数据安全，德国大型企业和政府部门的邮件系统均已运用邮件加密技术。

目前，中国企业“走出去”投资并购企业，最大的障碍就是发达国家以信息、技术、数据等安全为名，把中方企业挡在门外。如，美国以国家安全为由阻止中资收购德企爱思强（德国半导体公司），澳大利亚以国家安全为由阻止中企收购Ausgrid（该国最大电网企业），加拿大反对党以国家安全为由阻止中国投资者收购加卫星通讯公司诺赛特，等等。

我国虽说在顶层设计上已高度重视大数据安全问题，但在操作层面上还存在着认识不高、办法不多、措施乏力等问题，数据安全问题形势严峻。一是数据造假、数据泄露、数据买卖、数据欺诈等，几乎每天都有发生，甚至形成一条完整的产业链。二是数据垄断、数据孤岛、数据封锁、数据争夺等现象，十分普遍。

如前不久发生的顺丰和菜鸟之争，表面上看是经济利益之争，实质上就是大数据之争。三是如何加强数据监管，对违法违规者如何判罚等，尚缺少具体的法律依据。

特别需要注意的是，我国对外大数据存在重大安全隐患：一是我国的网络基础设施、PC端、移动终端及其操作系统大多由国外开发引进，缺少我国自主"控股、控牌、控技"的制造商。二是我国大数据平台的基础软硬件系统尚未实现自主研发，许多关系到国民经济命脉的战略性行业的大数据服务器、数据库皆由美国等少数国家企业控制，这如同给数据窃取者开了一扇难以关上的后门。三是微软、谷歌、苹果、Adobe等世界主要互联网企业生产的软件产品均存在安全漏洞，这些漏洞严重威胁着我国大数据平台的安全。四是外国资本控股我国网络公司。由于历史的原因，一些著名的、掌握海量大数据的公司，如百度、腾讯、阿里巴巴、人人网等，其大股东多为外国资本。由此带来的安全隐患是，外方控股资本可通过对公司大数据的控制，轻而易举地获取事关国家安全和公民隐私的敏感数据。近年来，我国金融高管离职被相关网络或外国金融机构高薪聘用的也不鲜见，由此所带来的金融系统风险也必须引起足够的重视。

鉴于我国大数据快速发展的形势和面临的安全隐患，建议着力加强以下工作。

1. 要根本改变目前对大数据重发展轻安全的局面。国家应提出明确要求，把大数据安全作为发展大数据产业的前置条件，纳入有关部门领导的政绩考核体系。这方面，贵州已走在前面。2016年1月，贵州省十二届人大常委会第二十次会议通过了《贵州省大数据发展应用促进条例》，成为全国第一部关于大数据发展的地方性法规。

2. 进一步加强大数据的安全防范。一是把敏感且重要的大数据服务与应用纳入国家网络安全审查的范畴，确保这些大数据平台的安全绝对安全可靠。二是结合互联网应用从本地存储走向云存储的新情况，及时监控各类云存储服务，警惕云端上的泄密。三是建立健全相关规章制度，实时适当约束敏感和重要部门在职人员对涉及大数据上传的软件、手机应用的使用。对涉及大数据的国家要害部门或企事业单位的重要岗位人员"离职"去向，要从严监管，以免大数据泄密造成不可挽回的损失。四是建立外国资本涉足我国大数据企业投资控股审查制度，对已经参股控股我国大数据企业的外国资本提出约束性保护性条款。

3. 加快研究出台《中国大数据保护法》。针对全国各地发展大数据暴露出来的问题，借鉴发达国家相关立法经验和《贵州省大数据发展应用促进条例》等，组织专家力量及早研究出台《中国大数据保护法》，以此作为强化大数据安全，促进大数据健康发展的法律依据。

（与郭占恒先生合作完成，《浙江民进信息》2017 年 168 期采用）

第二篇 02

“一带一路”与浙江国际化

“一带一路”背景下浙江旅游国际化策略研究

因为天台山中国佛教祖山和台州海门卫城等重要历史文化资源的深厚禀赋，浙江成为古海上丝绸之路的重要策源地。今天，因为义乌国际商贸城、杭州国际电商实验区以及大东海（舟山）海洋经济示范区等，浙江成为新时期“一带一路”倡议的重要践行者。浙江省高度重视旅游，已经将旅游业列为“万亿产业”大战略。旅游国际化，已经成为浙江现代服务业的新增长点。2016 的 G20 会议和 2022 年的亚运会，为浙江推进旅游国际化提供了重大机遇。面对国际竞争与旅游服务贸易的复杂环境，在新常态理论指导下，浙江需要与时俱进再创辉煌。“一带一路”背景下，浙江旅游国际化策略问题值得深入研究。

一是要根据“一带一路”倡议准确定位浙江旅游。

“一带一路”与浙江旅游国际化机遇与挑战。“一带一路”倡议，为今后旅游国际化标准的制定明确了新的导向，也为传统产业转型升级明确了重要的战略方向，并为浙江旅游注入了新的动力。旅游国际化，不应该只是强调套用西方的旅游设施设计标准及设置多语种标识标牌，而更应该强调的是努力突出中国特色文化主题产品，提升核心竞争力推动中国“文化走出去”，提升中国文化软实力和旅游国际竞争能力。根据国际旅游市场需求发展趋势，我们认为，浙江旅游国际化形象，宜定位为“诗画浙江，梦想乐园，养生天堂”。诗画浙江，主要指“两美浙江”（美丽环境、美好生活）的建设成果；梦想乐园，则是指“两创浙江”（创业富民、创新强省）的人文环境；养生天堂，更是指“两富浙江”品质生活的服务体系。

二是要铸造系列文化总部，抢占发展战略制高点。

文化总部，指一定地域、一定族群、一定类型的文化在历史沉淀与组织运作双重推力之下形成高度集聚，从而产生的一个对该类文化具有向心性凝聚力与扩散性辐射力效应的核心区域。“文化总部”与“文化中心”和“文化基地”有着根本的区别。“文化中心”或“文化基地”同类型的可以有很多个；而同类型的“文化总部”则只能是一个，意味着档次的高端性和数量的唯一性。因此，“文化总部”是区域文化生态系统的顶级群落，可以形成“绝无仅有、至高无上”的顶端优势。

文化总部，一方面具备对一类文化形象的代表性、示范性影响力；另一方面还应具备对该类文化发展的聚合性、创新性引领力。它通常以实现特色化（绝）、国际化（广）、市场化（活）及现代化（新）为战略目标定位，以优势整合（聚合）、研发创新（引领）、发展繁荣（示范）及高地平台（辐射）为主要功能定位。文化总部的核心要素包括文化核心价值、功能特征、生活方式、民俗风情、社会组织、管理体制、运营机制、产业拓展及时空展示等九个方面；表现形态主要体现在文化制度、社会管理、生活方式以及建筑风貌、宗祠神庙及民俗节庆等六大方面。文化总部在激活文化资源、拓展文化产业方面应该坚持智力资本化、资源产品化、产品市场化、市场品牌化及服务品质化等五大原则。文化总部的核心竞争力具体反映在文化传承创新力、文化产业生产力、文化进步驱动力和文化传播辐射力等关键指标上。从国际文化多样性和全球一体化的视角来看，多样化的中国文化总部具有不可替代的战略优势和不可限量的发展潜力。

应用文化总部理论，我们已经规划与实施景宁全国畲族文化总部和景宁民族工艺博览城。实施旅游国际化，结合浙江旅游国际化战略，我们需要大力推进台州汽车工业博览城、横店东方影视文化旅游城、余姚东方教育产业城、义乌国际商务旅游城、台州中国智造旅游城、宁波中国服装旅游城、丽水中国美食旅游城、武义东方养生旅游城以及杭州国际创意旅游城等。

三是要打造旅游融合体，展示中国旅游无限魅力。

所谓文化产业旅游融合体，是指在特定空间范围内，依托绿水青山的优美自然生态环境、具有文化价值的优秀人文资源和具有品牌价值的优势产业资源的集聚整合为旅游吸引物，依据融合发展、绿色生态、创新驱动、主客共享及联动辐射的原则，以文化体验、休闲娱乐、度假养生为导向，以打造能够满足游客“吃、住、行、游、购、娱、商、体、养”九大需求的复合型旅游产品为核心，以促进当地社会经济文化生态协同发展为目标，“文化、产业、旅游”三元融合的多功能、多业态、深内涵、重体验的融合发展集聚区。

文化产业旅游融合体集聚三大类旅游资源的优势,突出的是旅游吸引物的高品质条件。旅游吸引物是旅游活动的客体,其品质的优劣关系到旅游吸引力的大小,甚至关系到旅游规模的大小。优美的自然环境、优秀的人文资源以及具有优势的品牌产业作为高质量的旅游资源,符合现代社会注重生态文明、健康发展、文化体验的要求,是打造旅游融合体的基础支撑。文化产业旅游融合体坚持以市场需求为导向。游客是旅游活动的主体,其对旅游的需求早已不再停留于“走马观花”,而是向着文化体验、休闲娱乐与度假养生转变。没有需求就没有市场,旅游融合体不能脱离游客对旅游活动的需求。因此,旅游融合体必须依据市场需求,更加全面地提供能满足游客在吃、住、行、游、购、娱、商、体、养等方面需要的复合型旅游产品。

文化产业旅游融合体,整合文化、产业、旅游优势于一体,能极大的拓展旅游功能、丰富旅游业态、提升旅游内涵。文化产业旅游融合体关注与当地的社会经济、文化生态协同发展,更具公益性,更符合社会发展要求。文化产业旅游融合体是对旅游综合体的创新提升,创建旅游融合体除了要遵循融合发展与绿色生态的基本原则之外,更要遵循创新驱动、主客共享和联动辐射的原则。创新驱动侧重旅游机制的创新,以文化引领、产业推动为核心驱动旅游发展。主客共享强调当地居民与游客的资源共享,例如民宿体验,就是当地居民将自己的家与游客一起共享,让游客能够直接接触真实的居民生活,更加深入了解当地的民俗风情。联动辐射要求各个事物之间互相关联带动,产生辐射效应。依靠产业推动文化、旅游的发展,依托文化增添产业、旅游的内涵,借助旅游实现文化、产业的传播。二元融合模式已经跟不上社会快速发展的节奏,“互联网 +”“旅游 +”等概念被相继提出,其本质就是互联网、旅游与其他业的相互融合,强调了融合的多元化。为适应“旅游 +”的新时代,我们提出“三元融合”模式,所谓“三元”,即“文化、产业、旅游”。文化是旅游的灵魂,产业是旅游的依托,旅游是文化表现的载体与产业转型的途径。集聚文化、产业、旅游的优势,大力发展旅游业、弘扬优秀文化、促进产业转型,是三元融合最重要的作用,也是最主要的目的。

文化与产业融合讲求“文化产业化,产业文化化”。当文化无法吸引客人时,依托产业展示文化内容来实现吸引;当产业吸引力不足时,通过文化提升产业内涵来实现吸引。例如演艺本身是一种文化,丽水村晚原本是村民们在春节期间自娱自乐、自编自演的晚会活动,并不足以吸引较多的外来游客。而将村晚文化产业化后,村晚演艺精品成功地吸引了许多游客前来观看,并且带动了特产、民宿、纪念品等产品的消费。为了更好地适应日渐增多的客流量与需求量,就需要建立完善的旅游服务体系,如此一来,文化、产业、旅游三者便相互联系挂钩。从某种意义上讲,产业与文化是旅游发展的支撑,“产业 + 文化”能延伸出旅游新业态,“文化—产业—旅游”的三元融合能够构成一个稳定的“铁三角”关系。当文化进一步产业化、产业进一步文化化,文化与产业的融合范围便会扩展,三元之间的关联度也会变强,彼此之间的资源利用率就会更高。

四是要运用智慧旅游系统,创建旅行社垂直分类体系。

智慧旅游是新时期旅游信息化的一个重要方向。我们主张,智慧旅游不应该局限于智慧景区、智慧酒店等要素展示层面,也不仅仅局限于旅游电子商务的售票层面,而应该是基于大数据和云计算的一个区域旅游智能化服务的综合性平台。

依照这个想法,我们成功开发“区域智慧旅游商城系统”(获得软件著作权),其主要功能有政务网、商务网、体验网、客户端、微信平台及手机 App 全面整合,在一个区域内的所有旅游企业纳入统一的智慧旅游网络平台。依靠大数据和云计算,区域内的所有旅游企业(拥有独立的网络域名),只要在各自的网站上修改补充旅游信息,总网络平台上就可以得到及时反映。游客可以远程开展网上查询、智能化旅游线路设计、网络预订、手机导航导览语音解说、拥堵安全提醒以及在线支付等全部功能,最大限度地提高旅游服务品质和满意度。该系统已经于 2014 年 11 月在浙江省武义县进行在线运行并通过验收。

根据“智慧旅游网络商城”原理,我们认为运用智慧旅游可以有效破解我国旅行社水平分类向垂直分类体系转变的路径问题,实现批发、代理和零售旅行社的合理分工,全面提升我国旅行社行业的管理水平和服务品质,进而提高我国国际旅游核心竞争力。我们可以发挥“敢为人先、勇于创新”的浙江精神,率先开展试点,为全面推进旅游国际化进程开展积极地探索与实践。

五是要加强区域协作,实施大东海国家战略。

从全国来看,浙江是海洋大省,富有东海,拥有的岛屿最多、海岸线最长。但是浙江北有长江经济带(长三角),南有海峡西岸经济区(海西区),这种态势使得浙江陷入“夹缝中求生存”和边缘化的窘境。新常态下,浙江必需寻求战略突围。实施大东海战略势在必行。

东海,这里是古海上丝路的策源地、传统文化辐射场与国际贸易中心;更是新海上丝路的新高地、海洋经济示范区与东海文化总部。我们提出对策与建议如下:(一)贯彻实施大东海战略,科学编制区域规划。深化大东海战略课题研究,力争将大东海战略提升为国家战略。完善城乡战略、功能定位和空间布局,科学规划与不断完善区域产业体系,加快大东海区域中心城市建设及海洋海岛整体开发的步伐,提升大东海区域省际与国际的综合竞争能力。(二)优化区域行政区划,提高行政管理与服务效能。按照新型城镇化要求,进一步强化大东海区域的舟甬台温等中心城市,积极配套完善城镇体系,加快浙江城市化科学发展步伐。实施主体功能区规划,积极探索国家公园体制创新,妥善处理好行政区与功能区关系。(三)成立区域协调机构,推动区域协同创新。围绕大东海区域协作、陆海协作和协同创新的战略目标,科学配套设置组织机构,再创体制与制度新优势,有效推动区域协同创新,加快区域转型升级,实现跨越发展。(四)要充分发挥大东海港口潜力,必须加强与内陆腹地的港路通链接。东海现有港口存在港路链接不够畅通和 不够均衡的严重问题。针对大东海港口与铁路公路的匹配失衡问题,迫切需要加强东海重要港口与铁路公路交通的链接贯通,尽早实施“港路通工程”,尽快实现大东海“四通八达”。“十三五”期间,急需立项与实施大东海“港路通工程”,主要内容包括三条铁路(宁波 - 义乌,台州 - 永康丽水 - 抚州 - 吉安 - 衡阳,温州 - 赣州 - 柳州 - 郴州 - 贺州 - 贵港)以及大东海高速大通道。只要实现大东海“四通八达”才能对我国华中、华南和西南内陆地区发挥辐射带动作用,也才能最大限度地推进大东海城市群和海洋蓝色产业的大发展。

六是要开展国别营销,提升浙江旅游国际竞争力。

国别营销,是旅游目的地按照市场细分原则开拓国际市场的有效路径。因为不同国家有各自不同的文化背景及旅游消费偏好,我们必须因地制宜、因人而异地制定有针对性的营销策略,并开发适销对路的国际旅游产品,才能赢得消费者的青睐。

以杭州西湖为例,我们国内营销宣传已经习惯于介绍长桥和断桥两个故事,这两个故事在国内家喻户晓,知名度非常高,也是群众喜闻乐见的,旅游宣传驾轻就熟效果不错,也没什么问题。但是,这两个故事放在国际营销中,就得具体问题具体分析了。西湖长桥梁祝故事,对于外国人而言,可能就会对梁兄的智商和情商感到怀疑;西湖断桥白娘子许仙的故事,对基督教和伊斯兰国家的游客来说,可能就会对蛇精不可思议。因此,需要我们根据不同国家文化背景,用客户喜闻乐见的方式编好故事,就是我们必须开展的一项重要工作。

针对客源国家开展国别营销,构建浙江旅游国际化产品体系,是必须迫切需要解决的重大课题。比如针对日本游客,我们推出禅修和禅茶旅游;针对韩国游客,我们推出中医养生旅游和围棋文化旅游。针对不同国家游客,我们分别推出不同主题的文化修学旅游,比如天台汉化佛教祖庭、禅宗胜地灵隐寺、杭州中国茶都、阳明心学事功学派、东海文化蓝色文明丝路发源、天台山寒山子养生文化、朱丹溪滋阴养生文化、汤显祖戏曲文化、越剧和婺剧、南孔庙儒家文化以及浙江精神和义乌经验等。针对台湾客人,我们浙江可以开发大陈岛两岸文化旅游基地和现代战争遗产旅游基地(一江三岛)。针对中亚和非洲,我们还有商务会展旅游和养生美食旅游等。

综上所述,在"一带一路"背景下,浙江旅游国际化大有可为。我们坚信,只要我们深入贯彻新常态理论,遵循旅游发展规律,敢为人先奋发图强,我们就一定能够实现旅游国际化的宏伟目标。

杭州国际旅游形象优化对策研究

“一带一路”背景下，要将国际旅游竞争力作为旅游目的地国际旅游发展战略的核心，从旅游资源优势向竞争优势的转变，从而提升国际旅游软实力，这是中国国际旅游业发展战略的根本转变。城市形象和城市旅游形象问题日益成为国际传播和国际旅游领域里的研究热点，成为政府官员、专家学者和普通民众普遍关注的一个极富理论价值和实践意义的重大课题。为制定与完善城市旅游形象跨文化传播的发展战略，必须立足于全球传播语境的城市形象战略高度，实施城市旅游形象跨文化传播战略，并贯彻落实中国城市旅游形象的跨文化全球整合营销传播战略，以解决中国城市形象与城市旅游形象跨文化传播过程中的“自我东方化”等跨文化问题。

在中国城市旅游形象的国际传播过程中，存在着跨文化误读与跨文化冲突问题。在中国旅游形象的跨文化传播问题上，我们通常会遭遇国外媒体“妖魔化”中国、国际传播力度欠缺且主动性不够、语言信仰及思维方式差异等阻力。中华文明博大精深，但中国文化的国际文化交流却似乎被京剧、长城、少林功夫、梁祝传说等“五花大绑”。杭州旅游形象被定位为“中国茶都”和“东方休闲之都”，未做到深邃透彻的“知己知彼”。在跨文化传播进程中，中国城市旅游形象的编码者不能采用“自我参照准则”，而应科学、精确地把握异质文化语境目标受众的民族心理和文化模式，捕捉某一个为“他者”文化模式和“我者”文化所共有的文化价值观，并转化为更易为不同文化背景目标受众所理解和接纳的传播介质，从而创制一个多种文化元素共存的跨文化的文化形象与旅游符号新语境，为中国城市旅游形象的全球“形象认同”做好跨文化铺垫。为重构新的跨文化国际共通性的认同，各民族须通过文化自觉尊重与复兴本土文化传统，对自己民族文化重新审视、判断和定向，既是一个与全球化相反相成的本土化过程，也是一个文化多元化的国际化过程，在跨文化传播实践中综合为“全球本土化”(Glocalization)战略，值得高度重视。而全球整合营销传播战略的首要规划步骤即是建立和完善高效的全球目标受众数据库，针对中国杭州城市旅游形象的跨文化感知及其反馈意见，在境内外游客和国外民众进行目标受众群评估分析。与此同时，全球整合营销传播战略的核心在于传播品牌的价值诉求，以此建立稳定牢靠的品牌声誉与认同。城市旅游品牌形象跨文化传播应精心策划旅游产品的整体形象理念核心，准确定位国家旅游品牌形象，并通过文化创意增加城市旅游品牌附加值。充分利用中华优秀传统文化资源与中国杭州旅游吸引物的品牌核心，“创意全球化，营销本土化”，主导叙述“中国杭州旅游故事”，自主构建中国杭州旅游形象及其核心偶像品牌。

一、杭州旅游国际竞争力提升需要重新审视与构建城市旅游形象

国际旅游业是旅游业的重要组成部分，当今其功能并不仅仅局限于过去的增加国家外汇收入和促进经济发展，其更为重要的身份是展现国家经济文化实力的舞台。杭州市旅游休闲业在“十二五”规划期间，首创了国际市场整合营销模式，成立了“京杭大运河旅游城市营销联盟”，注册海外 Twitter、Facebook、Ins、Pinterest 四大社交媒体官方账号，开展“寻找当代马可波罗——杭州博士”全球招募与“2015 年杭州环球大使”等活动，采取多种措施拓展欧美、东南亚、中东和俄罗斯市场，服务管理国际化方面，旅游公共服务职能明显增强。但在“十二五”期间也暴露出不少问题。

(一)从杭州入境旅游客源市场来看

入境市场发展潜力与挑战并存。杭州作为全国发展较为前列的旅游城市，与其优美的自然景观和历史悠久的文化息息相关，在入境旅游态势的增长方面发展势头十分强劲，并增长速度高于全国水平。在 2006 年到 2016 年的入境旅游情况(图 1)中发现，杭州旅游者人数与其外汇收入逐年增长。2016 年全市全年接待入境旅游人数 363.23 万人次，实现旅游外汇收入 31.49 亿元，同比分别增长 6.34% 和 7.47%，增幅较去年分别上升 1.61 和 0.4 个百分点。但近年来，杭州在入境旅游客源市场的排名中一直位于第三名，次于深圳和广州，与此同时发现杭州市在这两项指标中在浙江省总体数据中所占比重越来越小，这说明浙江省的其他各市在入境旅游客源市场中的比重增多，这对杭州市的旅游发展也造成不少压力。

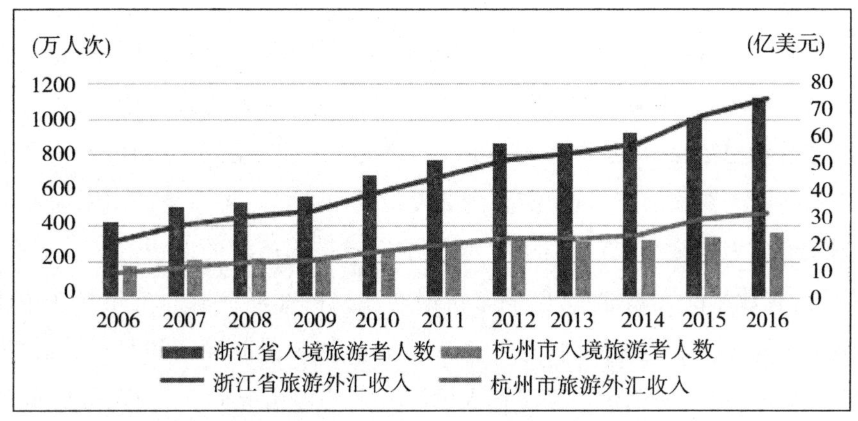

图 1 2006－2016 年浙江省与杭州市入境旅游者情况

资料来源:浙江省旅游局

入境旅游客源市场构成稳定,但客源入境结构不合理。2015－2016 年的杭州旅游的入境游客构成情况(图 2)中显示,港澳台市场较稳定,但在 2016 年有所回落;而外国人游客来杭人数比 2015 年多 25.49 万人次。国外的客源市场主要是亚洲游客,其次是欧洲和美洲,亚洲市场中由于地缘优势,日本和韩国一直都属于明星市场,东南亚的入境游客较多;入境旅游客源市场中人数排名前四位的为韩国、美国、日本、意大利,这些数据也显示出杭州的入境旅游客源市场中,一些国家的来杭市场已经达到饱和状态,客源形成结构太过集中,来源单调,亟须开发旅游新型产品来提高杭州旅游的国际知名度和美誉度。

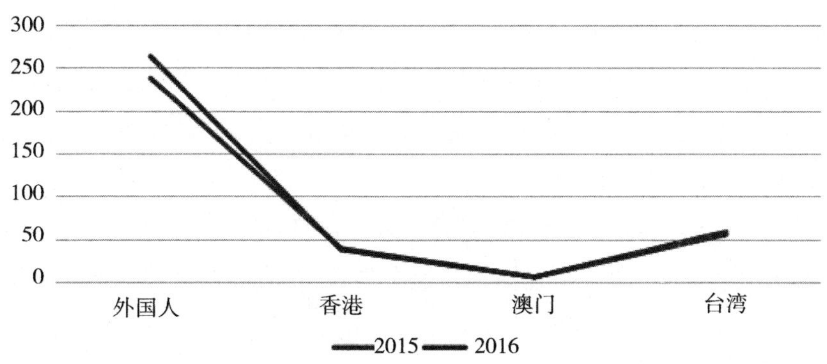

图 2 2015－2016 年杭州市旅游者构成情况(单位:万人次)

资料来源:杭州市旅游委员会

顾客满意度有待提升。根据2016年浙江省游客消费与质量评价调查报告显示,浙江省游客的整体满意度为76.82,全年满意度综合指数相对稳定,各个地市满意度也基本稳定在“满意”和“基本满意”之间。宁波、绍兴、舟山以较为明显的优势位列年度满意度前三,杭州游客满意度位列第四名。主要是杭州因为G20峰会的曝光度成为年度“网红”目的地,来杭游客对杭州旅游的期望值空前提高,同时,来杭游客数量的大幅增长,影响来杭游客旅游的品质体验。杭州要在优化生态环境和巩固人文底蕴的同时,进一步提升国际旅游服务设施和服务品质,来提高游客满意度。且在2016年浙江省入境游客人均停留时间、人均花费显示2016年来杭国外游客平均逗留天数3.1天,浙江省的逗留天数是2.9天,而丽水市的逗留天数14.3天远远高于杭州市,这些数据也显示入境游客来杭的旅游活动内容少,难以留住客源。杭州新经济产业的井喷式突飞猛进大发展,为入境游的拓展注入新的活力。

(二)杭州市国际旅游形象存在的突出问题

1. 国际旅游形象知名度不够。尽管杭州在城市旅游形象的确立方面做出了很多努力,提出了“爱情之都”“东方休闲之都生活品质之城”“人间天堂、快乐杭州”“构筑大都市、建设新天堂”等很多口号,但在国际市场上却缺乏统一、稳定与清晰的旅游形象,国际知名度很低。国际旅游者并没有形成对杭州的清晰认知,很多国际旅游者甚至不知道有杭州这么一个城市。尽管这其中有旅游宣传方面的问题,但是缺乏具有吸引力的国际旅游形象成为阻碍杭州市国际旅游发展的一大难题。高端精品旅游项目的缺乏加上休闲活动体验的单一、旅游产品设计老套和宣传力度的滞后,导致杭州市旅游形象老套。根据杭州优秀传统文化和新经济发展的绝对优势,结合国际旅游市场的发展趋势及要求,加强杭州国际旅游形象优化设计研究,重要而且迫切。

2. 旅游公共服务品质不高。杭州的旅游公共服务品质与构建旅游国际化、全域化目标相比仍有较大差距。旅游便民服务体系方面,公共区域的无线网络信号强度和网速有待提升,旅游购物支付形式多样化不足;旅游交通服务体系方面,开通的水上巴士、旅游专线和部分旅游集散换乘线路等设施未能解决旅游交通拥堵的现状,自驾车营地、车辆租赁等服务设施建设仍有不足;旅游信息咨询服务体系方面,旅游标识未全域化,自助导游服务亟待推广;旅游安全服务体系方面,安全标识需要进一步覆盖。特别是按照“国别营销”理念,构建的解说系统尚不够完善。值得高度重视的是,我们在旅游宣传和旅游解说中不能“老是重复昨天的故事”。杭州西湖“断桥”“长桥”故事远不能满足日益增长的(不同文化背景)国际旅游者的需要,必须按照国别营销的理念,针对不同文化背景的游客,深度发掘与创新创意出更多更好脍炙人口的个性化的好故事。此外,在外宣用词方面,要遵循《地名管理条例》必须做到规范化。关于“西湖”的翻译,只能是“Xihu Lake”,而绝不应该是“West Lake”。还有,在表述形容杭州跨越发展的时候,要用“换道超车”代替“弯道超车”,因为“弯道超车”违反国际通行的交通规则。

3. 中国的旅游业在国际组织中的话语权不高,缺乏具有号召力的国际形象和国际品牌。如何提高国际话语权成为国际旅游发展过程中新的关键点。中国是茶叶生产和消费大国,2014 年茶叶产量是世界的 38.9% ,但因为我们在国际茶组织中没有话语权,在国际茶交易市场上也没有定价权,致使我们茶叶出口的平均价格只有 4.48 美元/千克。我国稀土矿等资源型产品,其命运也是如此。正是因为没有国际话语权,我们有过太多太多的深刻教训。中国要成为世界强国,就必须在国际组织中拥有话语权,这是不容争辩的事实。“一带一路”是由中国人发起并得到世界许多国家和地区广泛响应的重要倡议,这在中国历史上,还是第一次获得这样的世界地位,我们必须倍加珍惜。“一带一路”总部机构落户杭州,无疑对于杭州城市国际化意义特别重大。

目前杭州旅游形象主要是“上有天堂、下有苏杭”(杭州排名第二)、“东方休闲之都,生活品质之城”(休闲概念缺乏文化支撑)。问题是,这两种城市形象的表述都没有很好地体现“绝无仅有、至高无上”的最高要求,既不能有效地反映杭州城市的独特魅力,也不利于杭州国际认知和国际有效传播。因此,根据杭州优秀传统文化和新经济发展异军突起的绝对优势,结合国际旅游市场的发展趋势及要求,加强杭州国际旅游形象优化设计研究,重要而且迫切。

二、杭州国际旅游形象战略定位及其系统支撑

(一)杭州国际旅游形象的战略定位

我们发现,杭州国际旅游发展脉络,可分为三个阶段:西湖运河(世界遗产观光旅游) - 湘湖钱江(休闲度假会展体验旅游) - 智云养生(新经济研学与养生旅游)。杭州国际旅游的新产业新产品新业态和新模式,正是国际旅游市场关注的

热点,更是我们拓展杭州国际旅游市场的着力点和突破口。

旅游形象作为一个城市的IP和符号,需要给予游客一个直观的感受,反映旅游主体的地位与品质。旅游形象所代表的不仅仅是旅游景点和景区,而是一个城市乃至一个国家。所以在定位时既要符合城市的标记,又要避免与其他城市形象重合,形象的定位要具备综合性、稳定性和可塑造性三个特征。根据旅游产业融合理论中的旅游产业外部融合内容,将"旅游+信息""旅游+养生"和"旅游+文创"进行融合,遵循旅游主题形象定位中的市场导向性原则和资源导向性原则,立足于旅游资源的特色评价和文化主题,顺应现代旅游发展趋势,认为应该将杭州的国际旅游新形象定位为"世界智云创业天堂,东方养生旅游胜地",简称"智云天堂、养生胜地"。推动新经济智慧产业、云栖小镇和云计算产业的发展,做好杭州智云产业及创业环境这块"金字招牌"。同时打响杭州胡庆余堂、张同泰等名医名店集聚的养生街、桐庐县的中医鼻祖桐君,以及知名企业"青春宝"等一大批知名品牌。茶文化的本质就是养生文化,杭州还是"中国茶都""世界茶都"。因此将杭州打造成"智云天堂、养生胜地"的国际旅游新形象,将对国际旅游市场具有强烈的感召力。

我们认为,杭州国际旅游新形象应确定为"世界智云创业天堂,东方养生旅游胜地",可以简称"智云天堂、养生胜地"。智云,是指新经济智慧产业、云栖小镇和云计算产业。杭州智云产业及创业环境堪称世界一流,发展成就举世瞩目,这是一块不可多得的"金字招牌"。养生胜地,名副其实。杭州拥有胡庆余堂、张同泰等名医名店集聚的养生街,还有桐庐县的中医鼻祖桐君,以及知名企业"青春宝"等一大批知名品牌。茶文化的本质就是养生文化,杭州还是"中国茶都""世界茶都"。因此,杭州"智云天堂、养生胜地"国际旅游新形象,将对国际旅游市场具有无可替代的感召力。

随着全球化时代的到来,中国自身硬实力与软实力的不断加强,世界经济排名在国际市场上跃居第二,国家地位的逐步提高,使得中国在旅游业方面的发展在世界的舞台上博得眼球。2015年,国家发改委、外交部、商务部发起中国发展"一带一路"的倡议,依靠中国与有关国家的既有多边机制,借助既有的区域合作平台,打造命运共同体,这一倡议的提出,得到世界各国的广泛响应,大大地提升中国的世界地位,对中国的国际旅游市场产生极大的影响,且"一带一路联盟总部"设在杭州,对杭州国际旅游创新与发展创造重要机遇。基于旅游产业融合理论对杭州旅游产业融合现状进行分析,在依托杭州当地的旅游发展条件,结合形象传播理论将杭州市的国际旅游新形象更好地推向国际舞台。

为更好地强化杭州“一带一路”战略枢纽功能,我们提出对策建议如下:一是创建“国际组织管理中心”。大力推进由中国人主导的国际组织,加快出台由中国人主导的国际标准。比如《国际养生旅游标准》《国际养生茶馆标准》。二是创建“一带一路倡议研究院”。集聚高端智慧构筑战略研究平台,为深入实施“一带一路”及深化国际合作提供高端智库支撑。三是创新机制加强旅游城市国际合作。高度重视和充分发挥国际旅游合作在“一带一路”中的牵引和纽带作用。以旅游城市国际合作为切入点和突破口,全面推进国际文化交流与经贸互利合作。四是依托杭州举办“一带一路”系列主题博览会。比如“一带一路”国际文化产业博览会、世界运河文化产业博览会等。五是大力推进中国文化走出去。将“一带一路”“智慧经济”和“中国浙江经验”作为全球孔子学院的重要教学内容。

(二)杭州养生旅游和新经济的雄厚基础

杭州新经济异军突起,有效地推进杭州城市国际化。阿里巴巴、支付宝举世瞩目。云栖小镇、梦想小镇、基金小镇相继建成。特别是云栖大会的连年成功举办,吸引了国际智云产业的各路大咖云集杭州,其效应和影响超乎我们的想象。目前,我国出台了《人工智能产业发展规划》,2030 年我国人工智能产业规模将达到 10 万亿,处于国际领先水平。杭州新经济发展势头非常好。我们认为,将杭州新经济与国际会展旅游业、国际动漫节(烂苹果乐园)及创意产业园等实现资源整合,相互促进发挥乘数效应,按照“全产业链”统一规划、统筹协调,实现综合效益最大化,势在必行。

从杭州实现高水平现代化和“一带一路”倡议枢纽城市的要求来看,目前杭州新经济发展过程中,存在以下几个方面的突出问题:一是缺乏多部门协同机制及《新经济全产业链规划》;二是缺乏全产业链及国际会奖旅游的高端精品项目;三是缺乏具有号召力的国际形象和国际品牌。这些问题值得研究并尽快予以解决。

为此,我们研究提出如下对策建议:一是健全与完善多部门协同机制,尽快编制与实施《杭州新经济全产业链发展规划》。依托云栖大会,整合云栖小镇、梦想小镇及金融小镇和文化创意产业园等优势资源,打造国际会奖旅游全产业链。二是根据培育“全产业链”需要出台优惠政策,大力扶持智云会展旅游高端精品项目。杭州新经济全产业链及会奖旅游跨越发展,迫切需要高端平台支撑。要着力扶持运用智云科技、智能演艺与智能体验乐园项目,鼓励举办"机器人嘉年华"。积极打造以人工智能为特色的实景表演"湘湖云天",创造性地激活湘湖度假旅游,铸造国际旅游新品牌。三是打造杭州国际旅游新形象,实施国别营销。

我们认为,杭州国际旅游新形象应确定为"世界智云创业天堂,东方养生旅游胜地",可以简称"智云天堂、养生胜地"。智云,是指新经济智慧产业、云栖小镇和云计算产业。杭州智云产业及创业环境堪称世界一流,发展成就举世瞩目,这是一块不可多得的"金字招牌"。养生胜地,名副其实。杭州拥有胡庆余堂、张同泰等名医名店集聚的养生街、还有桐庐县的中医鼻祖桐君,以及知名企业"青春宝"等一大批知名品牌。茶文化的本质就是养生文化,杭州还是"中国茶都""世界茶都"。因此,杭州"智云天堂、养生胜地"国际旅游新形象,将对国际旅游市场具有无可替代的感召力。大力开发智云研学、养生旅游等国际旅游线路产品,实施国别营销。

云栖大会,成为新经济的重要风向标。云栖小镇,是西湖区计划依托阿里巴巴云公司和转塘科技经济园区两大平台打造的一个以云生态为主导的产业小镇。该小镇是一个云计算产业生态聚集地,运用大数据的计算将简单数据变成生产要素,小镇就是围绕云计算产业的特点,构建"共生、共荣、共享"的生态体系。2015年阿里云开发者大会正式更名为"云栖大会",并且永久落户西湖区云栖小镇。"2017 杭州·云栖大会"由浙江省人民政府指导,杭州市人民政府、阿里巴巴集团、蚂蚁金服集团联合主办,杭州市西湖区人民政府、杭州市西湖博览会组织委员会办公室、杭州市经济和信息化委员会、阿里云计算有限公司和云栖联盟共同承办,于 2017 年 10 月 11 - 14 日在杭州召开。为期四天的云栖大会吸引了全球 67 个国家和地区近 6 万人现场参会,来自 137 个国家和地区的 1500 万人在线观看了大会直播,成为当前规模最大的科技盛会。

云栖大会由 2 场主论坛,以及包括蚂蚁 ATEC 大会、ATEC 金融科技开放峰会、量子计算峰会等 120 多场分论坛和活动构成,技术、产业界的 800 多位嘉宾分享了当前科技行业的最新进展。大会数据显示,本届大会共有超过 400 多家知名科技企业参展,在超过 3 万平方米的展示区域内,展示人工智能、视觉智能、芯片计算、无人驾驶、智能家居、城市管理等领域的创新成果。云栖大会也成为全球科技企业发布新品的新平台。Intel 与阿里云联合发布的加密计算在亚洲尚属首次。浙江大学、上海交通大学等高校在大会上宣布了在技术研究、人才培养等方向的合作计划。会上,阿里巴巴宣布成立“达摩院”推进基础科学和颠覆式技术研究,并在未来三年对技术研发投入1000亿元。达摩院命名和投资力度体现了文化自信与经济自信,也表达了阿里等中国企业参与世界竞争、引领世界趋势的雄心壮志。城市级的人工智能实践——“杭州城市大脑”发布新进展,已在萧山将120救护车到达现场时间缩短一半,为抢救生命增加50%的希望。此外,量子计算云平台、神龙云服务器、第三代专有云、AliGenie语音开放平台、Link物联网平台、开源AliOS物联网操作系统等重磅发布,吸引业界瞩目。

此外,参展商表示本次大会的观众质量有明显提升,规模也比上次明显扩大。对会议的满意程度有了较大的提升。参会参展观众也被云栖大会的各种活动和互动项目深深吸引。夜跑、音乐会等活动有效增加了会议的吸引力和参与度。

(三)旅游产业融合不断衍生新业态,呈现勃勃生机

在杭州新经济的发展势头下,杭州2016年发布的《杭州市旅游休闲业发展“十三五”规划》文件中,着力从产业的配套链、延展链、运营链和创新新业态建设四个方面建设杭州七大特色旅游新业态。并且《2016－2018年杭州十大特色潜力行业行动通知》中,对包括美食、服装、茶楼在内的十大特色产业进行发展规划,努力打造各种类型的城市品牌。下文对杭州市新经济产业中的信息产业、文创产业、健康养生业三大产业进行现状分析。

1. 新经济异军突起,举世瞩目。杭州新经济产业的不断涌现,推进了杭州城市国际化的发展,其中信息产业的发展在杭州尤为凸显。信息产业发展的重要切入点是大数据应用,管理者旨在利用大数据完善政府管理、改善旅游企业运营、帮助消费者决策、对流行趋势更好的预测。在此基础上也就意味着与大数据应用一切相关的技术也要发展,为更好适应旅游业的发展。杭州市利用云端、GPS记录地理位置、移动终端、支付软件、可供游客评论和反馈的App等信息技术,推出更个性化的服务产品。尤其是支付宝和阿里巴巴的出现,推动了中国智慧信息产业园、云栖小镇、梦想小镇和基金小镇的形成与发展。且云栖大会的连年成功举办,吸引了国际智云产业的各路大咖云集杭州,其效应和影响超乎我们的想象。我国出台的《人工智能产业发展规划》提出到2030年我国人工智能产业规模将达到10万亿,处于国际领先水平,这一规划的出现也为杭州市的信息产业注入新的资金和灵感,同时为国际旅游的发展提供技术支持。

2. 创新创业,创意无限。文创产业是由经济、文化、科技相融产生的新兴产

业，是将文化资本重新组合引进经济系统的新业态。杭州市的文创产业发展经历从自由成长到政府引导，再到市场化运作，最后由产业集聚向产业集群化目标发展的一个过程。在《杭州市文化创意产业发展“十三五”规划通知》文件中，为解决文创产业提高核心竞争力，突出产业特色等短板问题，提出发展信息服务业、设计服务业、现代传媒业、动漫游戏业、文化休闲旅游业、艺术品业、教育培训业和文化会展业着手，借助文化产业专项债券的发行，推动文创产业发展。现在杭州的各文创产业的发展趋于合作，运河天地文化创意园、湘湖文化创意产业园的出现，为文创产业的发展提供丰富的资金和技术支持，形成人才集聚效应。其中之江文化创意产业园在杭州发展较为完善，打造以“象山艺术公社”为龙头的艺术设计创意产业群、以“凤凰·创意国际”为中心的影视传媒产业群和外桐坞艺术村落为核心的民间艺术创意产业群，拥有非常大的市场竞争力。梦想小镇，已经成为杭州文创的一个重要标志。

3. 健康养生，魅力无限。杭州市健康养生产业发展与“杭州十大特色潜力行业行动计划”紧密关联。以养生街、康养小镇为支撑的杭州的养生旅游业，正在不断完善并逐步形成国际竞争力。依托“中国茶都”、胡庆余堂和张同泰等重要资源，围绕着茶养生旅游、中医养生旅游和美食养生旅游三大特色产品，正在不断深化。杭州市的茶文化历史悠久，且西湖龙井等茶叶的知名度大，其中杭州市梅家坞－龙坞茶镇养生旅游开发较出名，带动了一系列农家休闲茶楼的兴起，当地的茶楼和农家乐达到400余家，来旅游的游客也认为茶养生旅游形式发展非常有前景。杭州市也有非常丰富的中医药旅游资源，名医世家荟萃、医馆众多，药膳和推拿都较有名，又有较为特色的膏方产品可作为新开发对象，且佛教中的养生观也在游客中形成吸引力；与此同时，养老产业的发展，政府引导相关企业将“天人合一”健康养生理念引入老年人的生活环境建设，推动“互助养老”“旅游养老”的观念出现，这有利于对“银发市场”的开发。在杭州市发改委的大力推进下，杭州市一大批健康养生产业特色小镇，正在蓬勃发展。

三、杭州国际旅游形象优化路径研究

（一）杭州国际旅游形象塑造的思路

杭州是我国著名的历史文化名城，也是七大古都之一，位于中国东南沿海，长江三角洲的南翼，京杭大运河的南端，是长江三角洲重要中心城市和中国东南部重要交通枢纽城市。杭州历史悠久，源远流长。从新石器时期后期开始，先后出现过极具特色的良渚文化、吴越文化、南宋文化和明清文化，形成一个完整的文化发展系列。杭州有优美的自然景观，有悠久丰富的历史文化，特色就在于这些优美的自然景观、悠久丰富的历史文化都和谐地融入杭州人的日常生活。

杭州的国际旅游发展历史轨迹可分为三个阶段：西湖运河——湘湖钱江——智云养生。

杭州国际旅游发展第一阶段是西湖运河为主线的世界遗产观光游，运河穿越杭州市中心，东通钱塘江，南接西湖，西连西溪，成为构成杭州城市水系以及连接浙东运河不可缺少的组成部分。其主要旅游资源可分为自然旅游资源、人文旅游资源和社会旅游资源三大类。自然旅游资源以名山、名泉风光为主，包括半山、老虎山等自然景观；人文旅游资源以古遗址、古建筑、古桥梁、名人故居及现代城市风貌为主，包括杭州洋关、武林广场文化中心、沿河景观房产等现代城市风貌。社会旅游资源以城市公园、文化设施、商业闹市街区及购物中心等为主，它以武林门区块为中心]。但这一时期的国际旅游资源单薄，仅仅以观光游览为主，对入境旅游者产生的吸引力并不大。

杭州国际旅游发展第二阶段是围绕湘湖钱江打造的休闲度假会展体验旅游。在传统旅游资源不能再成为吸引国际游客来杭州旅游的基础上，会展业以其强大的经济带动作用受到重视，作为会展业和旅游业融合的产物——会展旅游，凭借着会展业的发展机遇和其巨大的发展潜力受到重视，旅游“遇展而兴，遇会而旺”已逐渐成为人们的共识。2010 年杭州跻身“中国十大创新会展城市”。而其拥有的自然与人文旅游资源使得杭州在发展会展业的同时也拉动商务休闲度假业的发展。

杭州国际旅游发展第三阶段是将新经济产业中的信息产业与养生产业为主的智云养生旅游。随着“互联网 +”技术的不断升温，政府提出了“数据充满机遇，云端决定未来”的观点，云计算与各行各业的连接无处不在，在杭州市场上已经形成了“云团”，依托云栖大会，整合云栖小镇、梦想小镇及金融小镇和文化创意产业园等优势资源，杭州的“智云天堂”品牌形象已经逐渐打响。除此之外，世界对养生的重视和“银发市场”的开发，推动国内养生产业的发展，作为新的旅游品牌，杭州积极利用自身的资源优势打造茶文化养生旅游、中医养生旅游，积极打造“中国茶都”和“国际中医旅游节”等城市形象。这三个阶段的变化显示了杭州市的国际旅游的重心已经由消耗旅游资源向创新旅游资源转变,在传统的旅游资源支持的基础上,进行时代化的创新。

“十三五”期间,杭州市会展业发展迎来了难得的历史机遇。会展业是会议业、展览业、节庆活动的总称,其作为一个新兴的、具有巨大发展潜力的服务行业,影响面广,关联度高,在调整结构、开拓市场、促进消费、加强合作交流、扩大产品出口、推动经济快速持续健康发展等方面发挥着重要作用,在精神文明建设、提升城市形象、构建和谐社会中显示出特殊的地位。2016 年 9 月召开的 G20 杭州峰会,将拉动杭州基础设施建设,促进外向型经济发展,全面提升城市国际化水平。已经建成的杭州国际博览中心大大提升了杭州会展设施条件。杭州正积极建设中国(杭州)跨境电子商务综合试验区和国家自主创新示范区,为会展业发展营造了新的国际空间。2017 年全国学生运动会、2018 年世界短池游泳锦标赛、2022 年亚运会等一系列体育赛事的举办或筹办将全面促进会展业与体育赛事融合推进。“十三五”时期,杭州市会展业必将站在新的起点上实现跨越式发展。

(二)强化杭州国际旅游形象的系统支撑

杭州国际旅游形象的战略定位“世界智云创业天堂,东方养生旅游胜地”。

基于杭州国际旅游发展历史发展脉络,实施“3 +3 战略”依托杭州极具优势的三大新经济产业,将杭州新经济产业进行有效整合,强化与国际会展旅游业的融合发展,相互促进发挥最大化效应,打造三大创意产业园区,并推出三大国际旅游精品产品。

1. 三大创意产业园区

会议会奖产业生态园。依托国际会奖旅游优势资源,抓住 G20 国际峰会举办契机,集聚现代多元休闲产业,创新研发会奖产品,积极打造杭州钱江 MICE 集聚区核心项目,提升湘湖、西溪天堂、千岛湖进贤湾等区块会奖旅游产品建设,共同打造杭州“世界首选会奖旅游目的地”。以杭州国际博览中心为核心,大力挖掘金融、科技、商业等不同产业可为会奖旅游所用资源,结合建筑新景观,重点在建立城市会奖生态圈、展现会奖旅游主题文化、延伸会奖旅游举办点、培养会奖旅游高端人才等方面进行会奖旅游的深度开发,打造钱江 MICE 集聚区,成为长三角会奖新高地。

多元文化创意产业园。杭州是全球创客的创新创业新天地。依托杭州旅游创意中心,联合在杭州各大高校、研究机构和相关企业成立杭州旅游创意联盟,为杭州创意产业提供智力支持和管理平台。以打造杭州云栖阿里巴巴创意旅游综合体和梦想小镇为核心,整合杭州市现有工艺美术、动漫、瓷器、茶叶及丝绸等特色文化资源,提升文化与创新艺术交融的良渚文化创意综合体、白马湖生态创意城、千岛湖姜家影视文化创意旅游综合体、杭州艺尚创意旅游综合体和“城市之星”国际旅游综合体等多元文化创意园区。

东方主题智慧博览园。要与迪士尼相抗衡,提升东方文化的国际竞争力。依托湘湖,联合杭州阿里巴巴国际互联网公司,共同打造世界首家阿里巴巴主题创意博览园,将阿里巴巴的文化、模式、系统等活态化融入园区内的建筑、景观体系,打造阿里生态系统、阿里乐园系统、阿里生活系统等集文化、购物、休闲、度假于一体的阿里巴巴主题创意旅游综合体,为当地居民和游客的深度了解提供一个高品质的文化载体。重视创业产业园区和特色小镇的建设,倡导其有创新的完成入境游产品的推出,利用各产业推动国际旅游优化升级。

2. 三大国际旅游精品产品

商务会议产品:杭州市可以利用信息产业运用智云科技、智能演艺与智能体验乐园项目,鼓励举办“机器人嘉年华”,积极打造以人工智能为特色的实景表演“湘湖云天”,激活湘湖度假旅游,铸造入境游新品牌。在现有西博会、休博会、茶博会、国际电子商务博览会等品牌性展会的基础上,加强与国际组织和相关城市合作,大力引进国际性会议和会奖旅游项目,促进会奖企业向专业化、品牌化、国际化方向发展。加强对会奖旅游工作相关部门的整合和管理,建立常态化大型会奖协调服务机制,打造国际会奖旅游目的地。加快建设会奖产业生态园,加强大型会展中心、商务酒店、企业培训拓展基地等设施建设和升级力度。

文化创意体验产品:推动良渚文化、南宋皇城等遗址保护工程;加强对历史文化古镇、特色街区、历史建筑及其他不可移动文物的保护,改造古老街区、民居,发展主题酒店、杭派民宿,打造历史文化的深度体验区;利用工业老厂房开发集精品商业、影视演艺、酒店会展、美食健身等功能于一体的国际旅游创意综合体;改造提升地区原有产业,引入现代发展新理念、新机制、新载体,推进产业集聚、产业创新和产业升级而形成的旅游特色小镇,重点打造云栖小镇、永安飞翔小镇、航空特色小镇、良渚梦栖小镇等。提升优化旅游文化演艺项目,新创大型旅游文艺节目;提升宋城千古情等大型都市旅游演艺基地。整合包装现代时尚文化旅游产品,以西湖音乐节、咖啡西餐节、西子美丽节、国际婚恋旅游节等具有较大影响力的时尚文化节庆活动为驱动力,充分整合丝绸、婚恋、设计等行业,打造杭州都市时尚文化全产业链。

养生休闲度假产品:开发特色医疗、疗养康复、美容保健、养生养老旅游产品;挖掘温泉资源,以高端化、特色化为开发理念,开发温泉养生类旅游产品;依托龙井国茶、双浦红茶以及佛教朝圣文化,开发禅茶养生类旅游产品,以茶资源为基础,将茶树种植、茶叶加工、茶产品销售、旅游产品开发、旅游市场开拓和旅游服务有机结合起来,打造产业链;以千岛湖、湘湖、富春江、天目山等优越的自然山水资源,开发生态养生类旅游产品。

(三)整合营销国际传播策略

形象传播学是需要综合信息学、市场学、新闻学、社会学、经济学、广告学、传播学、美学于一体的学科。国际旅游形象传播也不仅仅是一种宣传手段,而是由静态传播向互动性传播转变。在进行国际旅游形象的整合营销传播过程中,应该以目标市场消费文化偏好作为运作的基础,整合各种传播手段,统一传播风格强化传播效果。在对杭州国际旅游形象进行传播的过程中,要着重注意把握好形象传播的技巧。

1. 营造节庆聚集人气。在传播方式上结合将旅游资源与节庆活动进行有效营销,举办杭州"三江两岸"国际运动养生邀请赛、国际杭派慢乡风情节、国际运河文化节·文化产业博览会、西湖嘉年华、富春山居穿越之旅、中国休闲旅游城市高峰论坛以及杭州国际马拉松等节庆活动。结合国家战略机遇,运用杭州特色文化、优势产业和跨国企业,举办国际最牛创客、百万学子阿里行、杭州大使环球行系列项目等系列活动。依托杭州市旅游优势资源现状特征,结合旅游观光巴士线路,建议重点开发三大国际品牌旅游产品。一是世界遗产体验之旅。忆西湖、忆运河产品,包括茶忆休闲之旅、朝圣文化之旅、味美体验之旅。二是智慧文创体验之旅,考察梦想小镇、云栖小镇和阿里巴巴。三是养生度假之旅和浪漫绿意慢行之旅。

2. 多元媒体传播策略。以互联网为载体,推进线上旅游 OTA 和线下旅游产业融合互动,B2B 电商合作平台、B2C 产业营销平台、OTA 电商合作模式的建设。深度利用海外新媒体和国内新媒体进行信息共享、事件推广、话题引爆,增加杭州旅游品牌的辐射能力。加大杭州政府外文官网对杭州旅游的宣传力度,在北美洲、欧洲、大洋洲和东南亚进行旅游推介时,关注这些客源国的游客对第三方评论网站的青睐程度开展国际旅游营销活动。实施国别营销策略完善传统媒体包括电视广播、报纸杂志、户外广告的宣传推广活动，加大全国投放量和推广度；发掘国际传统媒体的合作机会，尤其是中国台湾、中国香港、韩国、日本、美国等主要入境客源市场的主流媒体，与国外旅游杂志、出版社合作出版杭州旅游系列书籍，在国外主要门面书店或亚马逊等网店销售。与传统媒体建立更为紧密的联系，有效拓展国际旅游市场。

3. 系统整合，国别营销。针对港澳台、东南亚、东北亚和欧美等主要市场，重点推介智云创业、健康养生、世遗体验、会议会展、文化创意及乡村度假等主题产品。采取电视广播、户外广告、国际旅行社推介、全网络宣传、境外旅游企业宣传等多种方式组合营销。大力推进中国浙江文化走出去。将“一带一路”“智慧经济”杭州模式和“浙江经验”作为全球孔子学院和国内大学外国留学生的重要教育教学内容。

四、杭州国际旅游形象优化的对策建议

(一)践行“一带一路”，提升杭州国际竞争力

建立以中国为主导的国际组织。积极建立“国际组织管理中心”和“国际旅游数据库”，并且加快建立以中国人为主导与旅游特色行业相关的国际性组织、出台相关的管理办法和行业标准，联合国世界旅游组织第22届全体大会正召开期间，由中国旅游协会发起成立的第一个全球性、综合性、非营利性国际旅游组织——世界旅游联盟正式成立，积极发展国际性的旅游组织，出台如《国际养生旅游标准》《国际信息安全保护规则》《国际养生茶馆标准》《国际时尚产业管理条例》等管理办法。利用大数据，建立全球旅游信息系统。

创新机制加快推进旅游城市国际合作。高度重视和充分发挥国际旅游合作，在“一带一路”政策的牵引和纽带作用下，以旅游城市国际合作为切入点和突破口，全面推进国际文化交流与经贸互利合作。在国际合作过程中，各国的语言不同、宗教不同、民俗不同，但是互利合作的愿景是相通的，中国与沿线国家能够开展更广泛的文化交流、学术往来、人才合作、媒体互动等活动。依托“一带一路”倡议枢纽功能，结合杭州新经济产业的发展，举办“一带一路”系列主题博览会。比如“一带一路”国际文化产业博览会、国际时装博览会、世界运河文化产业博览会、世界优秀科研成果会展等。推进中国文化走出去。将“智慧经济”和“中国浙江经

验”作为全球孔子学院的重要教学内容。如在孟加拉国每年都会举办汉语桥比赛、中文歌曲大赛等活动,吸引当地广大汉语爱好者参与其中。

（二）强化杭州国际会展与旅游的高度融合

立足杭州历史人文、旅游休闲、电子商务等特色元素,借鉴杭州西湖国际博览会、世界休闲博览会、中国国际动漫节等龙头会展的举办经验,积极培育具有国际影响力和号召力的本土化国际会展品牌。引导和支持部分综合性、区域性展会向专业性展会转型,提高展会的专业化程度,发挥专业会展对产业的凝聚力和带动力。依托杭州软件和信息服务、电子商务、云计算与大数据、移动互联网等信息经济优势产业,支持鼓励科技与信息产业周、国际电子商务博览会、阿里云开发者大会、大数据库峰会、物联网传感技术与应用高峰论坛等新兴展会的举办,重点培育一批具有杭州本地特色、突出信息经济发展特征、具有广泛影响力的技术型展会。对接健康养生产业、新能源汽车、节能环保等战略性新兴产业,努力培育国际生态文明成果博览会、国际健康养生产业博览会、国际运河产业博览会、养老服务业博览会、汽车生活博览会等一批新兴领域的专业展会,搭建新兴产业宣传、展出、销售平台。加强中国科学技术协会等国家级协会、学会合作,打造一批具有技术、学术领先优势和国际知名度的会议、论坛和展会。充分发挥杭商、浙商群体在资本、人才等方面的优势,定期召开企业家论坛、浙商大会、杭商大会、投资峰会等商业领域会议。通过举办电子商务、云计算、电子信息、物联网等信息经济展会,加快发展信息经济核心产业,不断拓展产业链,建设万亿信息产业集群,打造国际电子商务中心、全国大数据和云计算中心、全国物联网产业中心、全国互联网金融中心、智慧物流中心、全国数字内容中心。

积极举办文化创意、动漫、工艺美术、艺术、音乐等展会,大力发展高端文化产业,大力发展文创小镇,建设文化创意产业集群。以休闲产业博览会为龙头,通过举办花园户外家具及休闲用品展览会,集中配套会议酒店、会议中心、会议度假村等会奖旅游业态,打造会奖旅游目的地,建设旅游休闲产业集群。通过举办药店、生物医药等展会,以会展提高杭州市生物医药等产品的知名度,打造一批具有较高知名度的健康养生服务业品牌、健康养生制造业基地,创建一批康养特色小镇,建设健康产业集群。通过举办理财等各类金融理财主题的会展,全力打造杭州财富管理中心和互联网金融创新中心,建设金融服务产业集群。通过举办丝绸女装及各类家居、化妆品、消费电子等专业性展览和主题会议,打造国内领先、具有较强国际竞争力的时尚产业基地,建设时尚产业集群。通过积极举办汽车工业、环保产业、新能源产业等展会,创建新型系列特色小镇建设高端装备制造产业集群。

(三)加快实施生态大学校园文化工程

杭州国际旅游形象优化,还需要结合实施“文化浙江”旅游强省战略,需要强化生态大学校园文化工程。杭州要率先提出并实施打造大学“主题文化”工程,提升中国文化辐射力。以浙江外国语学院为例,针对国际贸易专业,应该大力宣传古代的张骞和郑和、现代的任正非和马云。针对阿拉伯语专业,我们有必要有效展示穆罕默德《古兰经》“为了追求真理,哪怕远在中国”。针对意大利语专业,我们需要适时展示马可波罗赞美杭州是“美丽富贵的天城”。针对日语专业,我们需要有效展示鉴真和尚、茶圣陆游和心学大师王阳明的重要事迹。针对韩语专业,我们展示韩国流亡政府在杭州的峥嵘岁月以及嘉兴船娘勇救金九的动人故事。在大学校园里要不失时机地展示杭州 G20、北京“一带一路”峰会、杭州中国国际茶文化博览会等重要内容。借此思路,我们还可以考虑将校园打造成国际化“主题文化园”。

建立“国际人才集聚中心”。政府设立“一带一路”奖学金机制,中国每年向沿线国家提供 1 万个政府奖学金名额,重点支持沿线国家高端人才、技术人才来华学习。杭州市可以在这基础上积极引进国外人才,培养一批专业型、创新型、服务型的人才,并且重视人才的继续教育,提高专业人才的服务质量,打造“百千万”梯次人才库。借助产业园的形式将人才集中,发生“思想的碰撞”。如发展“中医药 + 外语 + 旅游服务技能”的继续教育,培养一支专业地为世界访华的领导人服务的导游队伍等。创建“一带一路”倡议研究院。集聚高端智慧构筑战略研究平台,为深入实施“一带一路”及深化国际合作提供高端智库支撑。

(四)完善国际旅游公共服务体系

以“世界维度,国际标准,杭州特色”为原则,通过对知名国际旅游目的地公共服务体系的研究,结合杭州市旅游交通、旅游信息、旅游休闲设施等方面的实际发展情况,逐步推进杭州市国际化旅游公共服务体系的构建。

增加欧美国际航线,建设长三角区域枢纽机场。在现有国际航线基础上加密至香港及东南亚国家的国际航线,开通至欧美国家及国际主要城市的直航和中转航线,拓展欧美国际市场,不断完善机场周边交通条件,发展成为长三角地区重要区域枢纽机场。落实入境旅游便捷服务措施。提供多语种的网上预约平台建设。

为国际游客提供英、法、日、韩、葡等多语言的随同翻译、自助翻译机租赁、志愿者翻译引导等服务。增设多语种的旅游问询服务。在全市一级旅游集散中心及旅游信息咨询服务中心开设国际服务窗口,逐步提供多语种的旅游问询服务。

规范旅游交通标识和宣传内容。规范设置全市旅游交通引导标识,设置中英对照、国际通行、简洁明了的引导标识。邀请国际旅游组织专家、在杭高校旅游英语专家共同组成"杭州市旅游标识系统国际规范工作组",对交通干道、旅游景区、旅游集散场所进行重点检查和规范。杭州市在旅游宣传和旅游解说中不能"老是重复昨天的故事"。杭州西湖"断桥""长桥"故事远不能满足国际旅游者日益增长的需要,必须按照国别营销的理念,针对不同文化背景的游客,深度发掘与创新创意出更多更好脍炙人口的个性化的好故事。此外,在对外宣用词方面,要遵循《地名管理条例》必须做到规范化,对外宣传地名的时候应该结合相关历史和文化背景进行语言的翻译,如关于"西湖"的翻译,只能是"Xihu Lake",而绝不应该是"West Lake"。

结　语

中国旅游"十三五"明确指出国际旅游市场应围绕建立高质量的国际入境市场,在此基础上本文结合旅游产业融合理论分析杭州市旅游产业与信息产业、养生产业和文创产业的融合现状,再结合杭州市的国际旅游发展脉络,发现杭州市的国际旅游市场需求已经不仅仅满足于当初简单的自然和人文资源支撑的旅游系统。在对杭州的入境旅游客源市场的基本格局与国际旅游形象现状进行分析过后发现杭州的国际旅游形象亟须优化升级。在此背景下,本文提出杭州应该将新国际旅游形象定位于"智云天堂、养生胜地",并以此提出了"3+3 战略",依托信息产业、养生产业和文创产业三大经济产业,打造三大创意产业园区并推出三大国际旅游精品产品。在旅游形象营销传播理论的基础上提出杭州市的旅游形象传播策略可以从发展节事营销、全媒体营销和整合营销三个方面进行传播,并且通过对国际间的合作、完善国际旅游推广体系及完善杭州国际旅游的公共服务体系三个方面来提升国际旅游形象。为更好地强化杭州"一带一路"倡议枢纽功能,我们提出对策建议如下:一是创建"国际组织管理中心"。大力推进由中国人主导的国际组织,加快出台由中国人主导的国际标准。二是创建"一带一路倡议研究院"。集聚高端智慧构筑战略研究平台,为深入实施"一带一路"及深化国际合作提供高端智库支撑。三是创新机制加强旅游城市国际合作。高度重视和充分发挥国际旅游合作在“一带一路”中的牵引和纽带作用。以旅游城市国际合作为切入点和突破口,全面推进国际文化交流与经贸互利合作。四是依托杭州举办“一带一路”系列主题博览会。比如“一带一路”国际文化产业博览会、国际生态文明成果博览会、世界运河文化产业博览会等。五是大力推进中国浙江文化走出去。将“一带一路”“智慧经济”和“中国浙江经验”作为全球孔子学院的重要教学内容。

实施大东海战略
推动浙江再创新优势

一、浙江需要再创制度新优势

浙江是资源小省,自改革开放以来发展成就显著,其经济社会发展一直走在全国前列。究其根本原因,除了国家宏观政策支持外,那就是浙江民营经济制度优势的率先创建与市场作用的有效发挥。

然而,近年来尽管浙江先后擎起海洋经济战略、义乌国际电子商务战略以及"五水共治"生态主体功能区战略,但"舟山自贸园区"进展不尽人意,特别"上海自贸区"的设立给浙江带来的严峻挑战,导致浙江以市场经济为核心的制度方面的比较优势已不复存在!为此,浙江迫切需要抓住"十三五"国家战略机遇,不失时机再创制度新优势。

二、实施大东海战略构想

从全国来看,浙江是海洋大省,富有东海,拥有的岛屿最多、海岸线最长。但是浙江北有长江经济带(长三角),南有海峡西岸经济区(海西区),这种态势使得浙江陷入"夹缝中求生存"和边缘化的窘境。新常态下,浙江必须寻求战略突围。

从实施国家海洋战略的高度来看,仅仅设置舟山海洋经济实验区是不够的,不足以推动整个大东海区域实现跨越发展的。因此,必须提出国家层面的"大东海战略",使东海区与海西区和长三角相互支持、协同推进。只有这样,才更有利于国家海洋战略的顺利实施,也更有利于浙江再创制度新优势,谋求实现新跨越。按照新型城镇化,构建大东海城市群(甬台温绍舟),着力完善中心城市功能,提升服务辐射能力。

按照“四个全面”和“五位一体”要求，强化陆海协同，有效拓展海洋海岛产业。构建大东海区域协作体系，实现综合效益最大化。

三、实施大东海战略的对策建议

一是贯彻实施大东海战略，科学编制区域规划。深化大东海战略课题研究，力争将大东海战略提升为国家战略。结合浙江省“十三五”规划，科学编制大东海区域发展战略规划，完善城乡战略、功能定位和空间布局，科学规划与不断完善区域产业体系，加强大东海区域中心城市建设步伐，提升大东海区域省际与国际的综合竞争能力。

二是优化区域行政区划，提高行政管理与服务效能。按照新型城镇化要求，进一步强化大东海区域的甬台温绍舟等中心城市，积极配套完善城镇体系。实施主体功能区规划，积极探索与妥善处理好行政区与功能区关系。

三是成立区域协调机构，推动区域协同创新。围绕大东海区域协作、陆海协作和协同创新的战略目标，科学配套设置组织机构，再创体制与制度新优势，有效推动区域协同创新，加快区域转型升级，实现跨越发展。

（《浙江民进信息》2015 年第 107 期）

建议积极创建宁波“国家陆海统筹示范区”

以习近平同志为核心的党中央,高度重视海洋强国建设,重组国家海洋局,设立高层次议事协调机构国家海洋委员会,把海洋强国战略提到前所未有的高度。近年来,我国国家海洋经济示范区建设取得举世瞩目的成就。党的十九大报告中,又明确提出了“加强陆海统筹,建设海洋强国”,形成完整科学系统的经略海洋思想。

对照十九大报告的战略要求,我国在陆海统筹方面的“不平衡不充分”问题仍然突出,主要表现在以下几个方面:一是虽然已构建了海陆交通网络体系,但陆海统筹体制机制创新亟待加强。受到“渔民意识”制约,且在一定程度上“计划单列市”制度也加剧“陆海割裂”,致使陆海统筹的潜能远未得到有效发挥。二是国家海洋经济示范区建设全力推进,但海洋产业与内陆产业融合的陆海联动、港口—腹地联动协同发展模式创新及不同都市圈城际之间的协作机制创新问题亟待有效破解。三是在“两山理论”“美丽中国”建设已经取得显著成效,如何突破“陆海割裂式”自我封闭循环模式,尽快向全方位协同创新机制的陆海统筹模式转变,乃是当前和今后一个时期面临的重大难题。只有从根本上破解这些难题,我国陆海关统筹的创新能力建设、创新平台打造和国际竞争力提升才能再创辉煌。

浙江是两山理论发源地,又是海洋经济示范区,制度优势显著。宁波是海丝之路起碇港,陆丝之路和海丝之路的重要交汇点;长江经济带和大东海的重要交汇点;也是京杭大运河的出海口,地理位置非常重要。宁波帮文化、“世界宁波人”是陆海统筹发展的重要人文资源和人才保障。强化“陆海统筹”是浙江宁波自身发展的需要,是宁波创造战略新优势的重大机遇。我们应紧紧围绕党的十九大提出的“加强陆海统筹,建设海洋强国”战略要求,总结与提炼浙江十五年来“念好山海经”的实践经验,研究探索创建宁波“国家陆海统筹示范区”,争取为全国“加强陆海统筹,建设海洋强国”提供“浙江样本”。

一、积极推进“甬舟”一体化,大力推进“自由贸易港”制度试点

立足区位战略优势,加强陆海统筹,整合甬台温舟“东海城市群”和长江经济带的优势资源,突破“割裂”局面。促进陆海统筹,促进海港、海湾、海岛与长江经济带的融合联动发展。争创中东欧国家投资贸易综合试验区,建设中东欧国家贸易便利化国检试验区,提升国家进口贸易促进创新示范区建设水平,推进汽车平行进口试点。建设国家跨境电子商务综合试验区,谋划布局公共海外仓、服务平台,规划建设国际邮件互换局二期,争创全国网络市场监管与服务示范区。

积极探索机制体制创新。一方面,发挥好宁波“海丝之路”的龙头作用,积极统筹对接长江经济带,整合浙江沿海城市,打造浙江东海城市群;加快完善港路交通网,肩负起全国沿海城市功能群的协同创新示范引领作用。另一方面,整合海丝之路沿线的资源与市场“为我所用”,花大力气构筑“海丝之路”国际化战略大平台,抢占战略制高点,提高国际辐射能力,实现共同发展和共享发展。

二、创新海陆统筹机制,构建国际大平台推进产业文化旅游大融合、大发展

依托“东亚文化之都”,积极主动构建和缔造新型国际组织。建立完善双边联合工作机制,研究推进“一带一路”建设的实施方案、行动路线图。充分发挥现有联委会、混委会、协委会、指导委员会、管理委员会等双边机制作用,协调推动合作项目实施。强化多边合作机制作用,发挥上海合作组织(SCO)、中国－东盟“10+1”、亚太经合组织(APEC)、亚欧会议(ASEM)、亚洲合作对话(ACD)、亚信会议(CICA)、中阿合作论坛、中国－海合会战略对话、大湄公河次区域(GMS)经济合作、中亚区域经济合作(CAREC)等现有多边合作机制作用,相关国家加强沟通,让更多国家和地区参与“一带一路”建设。

积极争创浙东南国家自主创新示范区。大力推进创新平台建设,筹建新材料联合研究院,启动建设浙江大学宁波“五位一体”校区,推进建设宁波海洋研究院,引进共建麻省理工宁波(中国)供应链创新学院,中官路创业创新大街等“双创”平台加速打造,建成投用吉利研究院。推进重大开放平台建设,研究制定梅山新区总体方案,积极构筑义甬舟开放大通道。推进特色平台建设,一大批特色小镇入选国家、省市创建和培育名单,宁海智能汽车小镇异军突起。建设国家保险创新综合试验区,支持保险产品创新,推进保险创新产业园、中国保险博物馆建设,举办中国保险创新发展论坛。

创建国家级梅山新区,做强对外合作平台。整合提升开放平台,推动海关特殊监管区域向“自由贸易港”转型,不断巩固宁波在浙江对外开放的龙头地位。推进义甬舟开放大通道建设,构建甬台温舟协同发展机制。加快宁波都市圈和上海、杭州都市圈城际协同发展,进一步融入长三角城市群。实施参建“一带一路”经贸合作行动计划,办好海内外“宁波周”活动和浙洽会、消博会、中东欧博览会、中国航海日论坛、中国智博会、中国机器人峰会等重大展会。建设海上丝路航运大数据中心,加快海铁联运、江海联运发展,集装箱海铁联运量增长20%以上。

三、优化产业“一体两翼”空间格局和强化对外开放陆港网络及创新平台保障

狠抓创新驱动,在加快陆海统筹与动能转换上奋力突破。打造“一带两湾”创新空间,推进新材料科技城、国际海洋生态科技城和航天智慧科技城、中官路创业创新大街等建设,争创以宁波国家高新区为核心的浙东南国家自主创新示范区。

推进多种形式高等教育和科研院所发展。建设中国科学院大学材料学院、浙江大学宁波“五位一体”校区、宁波大学梅山校区等。推进企业创新能力建设,支持宁波新材料联合研究院、宁波智能制造产业研究院、万华新材料研究院、智能制造(气动)产业园等发展。启动宁波“创新2025”重大专项,完善科技大市场运行机制,建设国家科技成果转移转化示范区,深化国家职业教育与产业协同创新试验区发展,实施产学研协同创新。

狠抓开放合作,在提升国际化水平上奋力突破。做大做强重点开放平台,加强“甬舟”一体化,全力建设梅山新区,促进舟山自贸园区、宁波保税区、梅山保税港区等创新发展,加快中意(宁波)生态园、中捷产业园、象保合作区、大榭穿鼻岛低碳能源国际贸易中心等建设。

构筑国际合作大平台,以旅游文化交流大舞台,全面推进经贸投资合作。进

一步发挥北京举办“一带一路”国际高峰论坛的带动效应。支持沿线国家地方和民间挖掘“海丝之路”文化遗产,举办“世界宁波帮文化博览会”,联合举办国际旅游、专项投资、经济贸易、文化交流活动,办好海上丝绸之路国际文化博览会、国际电影节和图书展等。

(《浙江民进信息》2017 年 245 期)

打造海神妈祖圣山,创建海丝文化总部

招宝山的优势显著,拥有海神圣山妈祖文化、海防胜地威远文化、丝路起碇港和宁波帮,文化旅游发展前景十分广阔。深入贯彻落实十九大精神,加快建设社会主义先进文化,大力推进中国文化走出去,提升旅游国际竞争力,推进产业转型升级,镇海招宝山大有可为。

形势喜人、形势逼人。当前的主要矛盾是人们对美好生活向往的需要与不平衡不充分发展之间的矛盾。新时代,在推进国家“丝路实验区”和“海陆统筹示范区”的伟大工程中,作为海丝之路起碇港的招宝山责无旁贷。浙江省级风情小镇的创建,是招宝山重要发展机遇,不容错失。招宝山实施战略引领,加快科学发展,刻不容缓。

一、现状与问题分析

招宝山街道曾经是镇海县城,这里历史文化底蕴深厚。近年来旅游发展取得显著成绩,目前招宝山景区已经是4A旅游景区。对照新时代的要求和当地干部群众的期盼,还存在以下几个方面的突出问题:

一是当地政府积极有为,但缺失发展战略引领。

二是文化底蕴非常丰厚,但缺乏特色体验产品。

三是景城管理体制壁垒,古城与景区协同不够。

四是旅游项目设施不少,但布局配套不尽合理。

五是古城结构功能完整,但周边环境亟待改善。

六是古代建筑资源丰富,但遗址保护力度不够。

其中最关键的问题,就是缺乏旅游文化主题特色以及与之对应的体验产品与服务体系。

二、明确战略定位,抢占战略制高点

我们经过深入调研,并多次与镇海旅游局、招宝山街道主要领导座谈研讨,提出招宝山的旅游发展战略目标是"全国海上丝路文化总部",花三年时间创建景城一体化的5A景区、国家级特色小镇和国家级文化创新示范区。支撑战略目标的核心文化内容四项:海神妈祖封神地、海丝之路起碇港、海防文化威远城以及重教兴学的世界宁波帮文化。

三、构筑高端平台,创新体验产业链

真抓实干积极响应"加强陆海统筹,加快建设海洋强国"战略新思维,充分依托招宝山"丝路起碇港"的战略优势,充分利用宁波帮独特文化,有效整合妈祖文化、威远文化以及宁波帮文化等优秀文化优势资源,明确特色文化主题和发展战略,精准定位,强化招宝山风情旅游区旅游服务功能。积极创建"海上丝路文化总部",抢占战略制高点。

运用文化总部理论和文化旅游产业融合发展新理念,高度积聚优势资源强化整合复合融合,结合运用现代旅游科技推陈出新,充分激活"千年古镇、古码头、古炮台、古寺庙、古学堂"历史文化,突出招宝山(海神－妈祖圣地、海防－威远雄风)和海丝启碇港的特色文化主题,着力构建"国际海神妈祖文化节""国际妈祖巡游""威远雄风海防教育"及"重教兴学高端平台"等四大功能模块,丰富文化体验新业态与新产品。运用海神妈祖天后文化、海防威远文化、海丝启碇港以及宁波帮文化为招宝山古城铸魂,举办"国际妈祖文化节",积极打造招宝山"妈祖封神地圣山"。建设"海上丝路博物馆",举办"中国国际海丝之路文化节",全力铸造"丝路体验旅游"和"丝路起碇港"第一品牌。依托江南古学堂、镇海中学和宁波大学,提升"全国校长论坛",积极拓展"全国教育教学创新大赛"和国际海员培训等系列项目。

优化提升招宝山景区与完善威远城展陈与体验产品,创作电影《威远雄风》。运营现代影视与信息技术有效展示海防文化和英豪丰功伟绩,强化海方教育的趣味性、观赏性和体验性。丰富古城街道主题文化,突出世界宁波人的重教兴学与民俗文化主题特色,积极拓展古城旅游商业新业态。依托镇海中学和江南学堂大力拓展国际研学旅游,积极弘扬宁波帮的家国情怀和奉献精神,有效集中展示甬剧等非物质文化遗产,努力打造体验经济新模式。发掘利用顺济号子和镇海渔歌等,全面展示宁波优秀文化,大力推进宁波帮文化国际传播和宁波国际旅游竞争力提升。

健全完善旅游系统功能服务体系,做亮沿江国际康养景观带(海鲜美食城、影视娱乐城和康养体验城)。全面而有效地整合宁波文化产业旅游优势资源,系列化展示与体验宁波帮优秀文化。重点突出以甬江口招宝山——老外滩历史文化轴线为主体,以东钱湖和梅山湖为两翼,着力构建“一体两翼”旅游空间大格局,为宁波创建“国家‘一带一路’实验区”和“国家陆海统筹实验区”提供强有力的系统支撑。

四、加快系统推进,增强核心竞争力

一是依托神圣招宝山,举办国际海神妈祖文化节。打造妈祖天后神山。天后宫~祭封神地,拜妈祖。举办“国际妈祖文化节”,举办“国际丝路·海神妈祖巡游”活动。

二是展示世界宁波人,实现街区主题特色化。实施街区主题化文化工程,分主题片区,分别与海丝博物馆,海丝文化片区,威远文化片区相配套。重点突出沿海大道,丰富墙绘与景观小品,有效展示重教兴学的新时代世界宁波帮文化。

三是创建海丝博物馆,举办国际丝路文化节。依托航济亭,创建“中国海丝之路博物馆”,丰富文化体验产品。依托丝路起碇港,创建中国海丝风情旅游节,打造国际文化交流的重要平台。利涉道头,要着重创意设计仪式感,发掘利用顺济号子,渔家民俗艺术节,镇海渔民歌谣。35 米高旗杆,做好旗帜大文章。

四是提升擎天威远城,打造海防研学体验基地。依托威远城,做足“擎天鳌柱,威远雄风”文化展示。设立胜利日,隆重纪念中法战争,开展实景演艺或全息电影丰富旅游体验。依托雄伟的古炮台,举办 30 分钟灯光秀,实现别样体验。

五是提升全国校长论坛,大力拓展教育新会展。突出重教兴学主题:提升“全国校长论坛”平台,拓展全国教学创新大赛与教学成果奖颁奖大会,全国中小学生创新大赛。不断丰富“国际船员”等国际化培训项目。

六是优化景区旅游线路,积极创造古城新业态。招宝山提升思路:优化游线,贯通游步道。敞开大门做广场,全面开放免门票。丰富体验新产品,创新盈利新模式。

七是提升海鲜美食城,拓展滨海民宿业。打造招宝海鲜美食城,引进同仁堂药膳馆,注重开发海鲜特色养生美食,举办系列海鲜美食节。利用古城区现有资源,规划发展多层次民宿,满足不同层次的游客需求。

八是实现景城一体化,打造国际旅游目的地。按照国际旅游目的地要求,高标准建设旅游集散中心。强化战略引领融合发展,建立健全旅游产业服务体系与产品体系,提升旅游核心竞争力,打造世界体验旅游高端品牌。

新时代进一步优化开发区体制的几点建议

设立开发区是20世纪80年代党中央和国务院为加快推进我国改革开放而采取的一项重大战略决策。1984年初,党中央和国务院决定进一步开放14个沿海港口城市,我省宁波市、温州市列入其中。1984年10月,国务院批准设立宁波经济技术开发区,这是我省第一个国家级开发区。目前,浙江省经国家审核公告、予以确认的省级以上开发区共计117个(其中国家级开发区20个),总数位居全国第三,仅次于山东和江苏。

作为改革的试验田、对外开放的窗口,“改革”“开放”这两个属性是开发区与生俱来的标志性符号,也是开发区有别于其他园区的最明显特征。经过整30多年的建设发展,开发区发展已进入一个新阶段。按照国家对开发区发展定位的调整,以及各地党委政府赋予开发区当前的任务,开发区实际上已经成为我省统筹对外开放和促进内涵发展,实现经济国际化的重要平台;成为统筹先进制造业和现代服务业,实现产业集群化的重要基地;成为统筹城乡发展和推进“产城融合”,实现城乡一体化的重要载体。然而,随着经济社会发展形势的变化,目前开发区存在许多亟待解决的发展难题:一是不少开发区被日益繁杂的事务拖累,主业不突出,功能行政化;对新形势下开发区的功能定位、地位作用需要重新认识、精准定位;二是各地开发区在项目引进、产业发展、科技创新、投入产出等方面差距很大;土地、环境、成本等硬约束,倒逼开发区转型升级任务十分艰巨;三是省级以上产业平台相互重叠、与省级以下自设园区“多小低散”的问题同时并存;开发区自身体制机制优势弱化,内生动力不足的问题较为普遍;四是开发区功能单一,主要是发展经济。开发区的行政化功能要求越来越强,管理难度越来越大,管理成本日益提升。

随着省管县及强县扩权的推行,我省行政区划体制、行政管理的重心正往下移,县级政府在社会经济管理、公共事务管理能力得到加强,这是对开发区管理体制进行优化调整难得的机遇。为此,特提出如下建议:

一是依托开发区基础,积极推动产城融合和新型城镇化。尽管如今开发区的政策优势已日渐式微,但是开发区多年积累形成的综合优势却是一笔重要的文化遗产。与其他区块相比,开发区拥有的开放引领、品牌效应、基础设施、产业集聚、人才队伍、服务理念、办事效率等综合优势,形成了开发区持续吸引海内外投资者的核心竞争力。

建议各级政府积极创造条件,充分发挥开发区在新形势下的"三大作用",即:深化浙江省重点领域改革"实践区"的作用、推进浙江经济国际化"先导区"的作用、促进浙江省经济转型升级"引领区"的作用。同时,发挥开发区、特别是20个国家级开发区对地方经济的辐射带动作用,对省级以下"多、小、低、散"的各类园区进行整合,着力打造以开发区为核心、以功能区为节点、以城镇为依托、以产业为支撑的网络式经济大平台。

二是贯彻依法治国,积极构建融合发展大平台。目前,我省已有不少地方正在探索建立各类平台融合发展的体制机制,并取得了积极成效。比如,嘉兴市将国家级开发区、省级产业集聚区、省级开发区和工业园区整合为一个2000亿级的大平台,对各功能区进行明确的产业定位,实行错位发展,避免恶性竞争。再如,衢州市实行国家级开发区、国家级高新区和省级产业集聚区"三块牌子、一套班子"的管理体制,并且辐射带动周边市县的省级开发区和工业园区,形成了相互支撑、联动发展的格局。

建议在省政府统一领导和相关部门具体指导下,以地方政府为主导,贯彻依法治国,彻底摒弃"开发区"唯经济导向及"法外开恩"的种种弊端。从实际出发,结合自身特点学习借鉴嘉兴、衢州模式,通过规划体系、产业布局、要素资源、管理体制、人员队伍等相互融合,探索在法制框架内建立促进省级以上各类平台优势互补、融合发展的管理体制和运行机制。

三是围绕"两美浙江",进一步加快转型发展。积极发挥政区合一的优势,实施创新驱动战略,助推新型城镇化,依靠理念创新、体制创新、管理创新、业态创新、科技创新等,加快推进开发区从五个方面转型,即:由要素拉动向创新驱动转型,由政策优惠向综合优势转型,由形态开发向功能完善转型,由粗放经营向集约发展转型,由产业园区向产城融合转型,不断增强开发区发展活力和综合实力,切实推进发展方式的转变和竞争优势的重构。

(《浙江民进信息》2014 年 292 期)

社会组织诚信体系建设的探索与思考

——以杭州市下城区为例①

习近平主席在亚太经合组织(APEC)工商领导人峰会上提出我国经济呈现出了新常态,经济增速逐渐放缓,经济结构优化转型,政府也大力简政放权,市场活力得到进一步释放。在我国经济新常态下,社会组织发展势头迅猛、社会信用危机日趋显著,诚信建设成效直接关系到社会能否和谐发展,而社会组织诚信体系服务于整个社会的诚信建设,因此,社会组织诚信体系的建设与完善刻不容缓。社会组织诚信体系是完善社会主义市场经济体制的基础保障,是依法治国的有效抓手,是建设和谐社会的重要途径。面对当今社会出现的信用危机,社会组织诚信体系的构建势在必行。社会组织作为介于政府与企业、个人之间的“第三部门”,是紧密联系政府与个企的纽带和桥梁,构建社会组织诚信体系是建设社会诚信的重要环节。新常态下,对社会组织诚信体系建设的探讨与思考正在不断深入。2014 年,国务院印发《社会信用体系建设规划纲要(2014 - 2020 年)》,提出要加快建设社会信用体系、构筑诚实守信的经济社会环境。同年,浙江省印发了《浙江省失信黑名单制度建设工作方案》,积极推进失信黑名单制度的建设工作,在社会组织诚信体系建设上走在了全国前列。杭州市在 2002 年市第九次党代会时便提出建设“信用杭州”;2011 年公布了《杭州市十二五社会信用体系建设规划》;2014 年,杭州市又召开了全市社会信用体系建设的工作会议。杭州下城区积极响应上级要求,主动探索社会组织诚信体系建设思路,大力扶持社会组织建设,为社会诚信建设提供良好的环境。

① 张跃西、徐志清、张建涛、徐梅琦、王韵等参与现场调研。

一、下城区社会组织诚信体系建设实践经验与成效

(一)首创“66810为民服务系统”网络化信息平台,提高了诚信管理效率

2007年,下城区首创“66810”为民服务工作法;2009年,“66810”导入了目标管理与绩效追踪理念,出现了“前台受理、后台追踪、全程服务、全员考评”的绩效追踪系统,明确了考核标准,使办结率和满意率均达到了100%[1];2012年,“66810为民服务系统”基于“互联网+物联网=智慧城市”的信息技术,与计算机网络“66810”信息系统进行了数据对接,建成了多个多元化的数字平台[2],实现了对居民需求的实时收集、对民情信息的即时查询、对社区事务的及时处理以及对突发事件的统一调度,成了一个“第三方”服务平台,大大提高了诚信管理效率,可见计算机网络平台在社工服务中的重要作用。如今,网络技术已更为发达,“66810为民服务系统”也已变身成为“你我他智慧社区服务平台”[3],极大地提升了服务效率,赢得了广大群众的认可。在目前的网络时代,尽快建立完善统一的诚信网络信息中心,可以极大地提高整个社会的诚信意识。我们以抓铁留痕,踏石留印的决心,通过诚信网络,将诚信系统与公共信息系统,金融系统等进行联网开放,搭建统一且功能齐全的网络平台,建立集聚专家智慧的数据库和项目信息的资源库,规范系统操作流程和标准,架构规整的网络信用中心,将社会诚信体系建设推向一个新的高度,对社会诚信建设有着重要意义。

(二)大力推广公羊会等一大批社区服务品牌,提升了诚信服务公信力

下城区作为省社会组织示范点,积极探索社会组织发展模式,推广了一大批社会服务品牌,截至目前,下城区共有社会组织2181家。其中,民非274家,社团146家,基金会2家,备案社区社会组织1759家。下城区率先推行政府向社会组织购买服务制度,建立了“政府购买、合同管理、服务量化、绩效追踪、评估考核”的新模式,大力推广了诚信服务理念。政府职能放权民间,让社会组织有了更大的发展空间,不断完善的规章制度和管理模式以及优惠的服务政策,为培育综合能力强、公信度高、品牌影响力大的社会组织奠定了基础。下城区公羊会、萤火虫、好帮手、夕漾红等多个社会服务组织借此机遇得到了大力推广,树立了良好的诚信品牌效应,为其他社会组织树立了榜样。其中,公羊会应急救援大队注册于2003年,是一个成立较早的社会公益组织,且在2013年成立了杭州市公羊会公益基金会。多年来,其影响力持续不减,各种抗震救援和公益善举给全国人民留下

了深刻的印象，树立了诚信服务的品牌形象。下城区大力推广像公羊会这样的社区服务品牌，改善了群众对社会组织的看法，越来越多的人愿意相信社会组织的公益性，大大提升了诚信服务的公信力。当然，也有一些社会组织曾一举成名，到头来因诚信缺失而早年夭折。实践证明，社会组织诚信体系的建设离不开社会组织，而社会组织要想可持续发展，必须树立诚信服务意识，真正做到诚信服务。大力推广现有的诚信服务品牌化的社会组织，有其示范性，有利于提升诚信服务的公信力度。

（三）积极倡导内部管理制度化，营造了公益服务诚信为先的良好氛围

下城区在社会组织建设上，倡导内部管理制度化，且成效明显。以“武林好帮手”公益服务社为例，成立一年以来，内部管理便形成了一定的制度体系。“武林好帮手”虽是一家土生土长的草根型社会组织，但一直秉承“以需求为导向”的服务理念，对本社区内居民的需求了解相对于外来社会组织较为准确，能够精准地把握需求方向，提供更为实际的服务；而且，为提升整体的服务素质和质量，其内部成员、社工经常需要接受专业培训，并制定了积分考核制度，在组织运行管理上十分规范。社工及服务人员通过诚信服务换取积分，按积分的多少进行考核；再通过积分兑换，以表示对诚信服务的社工、志愿者的奖励，激发了社工、志愿者的服务热情，并采用了无偿与低偿相结合的方式持续开展公益，确确实实地惠及了社区居民，同时又保存了志愿者的公益热情。积分考核的制度化，使得内部管理井井有条，服务质量大大提升，得到了广大群众的信任。仅一年总服务量就已达到了1825件，公益总积分4952分，树立了良好的品牌口碑。由此可见，内部管理制度化有利于营造公益服务诚信为先的良好氛围，完善和规范管理制度能有效促进社会组织诚信建设。

二、基于下城区社会组织诚信建设的三点启示

（一）社会组织诚信体系建立具有重要的现实意义

社会组织或是社会组织开展的项目如果没有诚信保障，则其可持续性令人担忧。就目前下城区社会组织发展存在的问题来看，项目实施的进度缓慢、组织承接能力不足。究其原因，诚信是一个较为重要的因素。在现在的社会整体环境中，许多人对社会组织的公益性持怀疑态度，“红十字会郭美美事件”等丑闻严重影响了群众对社会组织的信任程度，出现了群众想信又不敢信的局面，因此，没有

诚信保障,将导致社会组织项目实施没有想象中顺利,社会组织成员也会出现热情度降低、工作敷衍了事的现象,如此一来,大众更加不敢信任,导致恶性循环,最终以项目无法延续、或社会组织不堪重压注销而告终。诚信保障是保证社会组织长远发展的基本因子,社会组织诚信体系的建设对社会组织可持续发展具有重要的现实意义。

(二)社会组织诚信体系建设具有前瞻性意义

诚信建设并非一蹴而就,我们不能等到社会出现严峻的信用危机才意识到诚信建设的重要性,社会组织诚信建设必须走在前面。社会组织的发展壮大对社会组织诚信建设提出了更为严苛的要求。下城区具有先见之明,超前考虑到了社会诚信问题,有效发挥政府职能,为社会组织诚信建设提供良好的政策环境,出台了《关于进一步激发社会组织活力参与社区治理创新的实施办法》,从增强协同参与、规范运行体系、扶持培育发展、人才队伍支撑以及强化协调推进五个方面推动社会组织健康发展,努力建设良好的社会诚信氛围。

(三)社会组织诚信体系创新具有示范性意义

一个良好的社会组织诚信体系模式,能够有效带动城市诚信建设,促进城市社会发展,对其他区域诚信建设具有示范作用。下城区 2015 年政府向社会组织购买服务项目推进情况汇报中提到下城区为进一步激发社会组织活力,计划引进境外专业社工机构,强化转型项目的督导,推出为民服务的微信公众号,建立由政府、专家、媒体、社会组织、民众等多方参与的评审与监督队伍,为诚信建设打下良好的基础,并提出探索构建"社区基金会 + 专业社会组织"的服务模式,若在这一服务模式中增加社会诚信,则将更加有影响力和示范性。

三、构建具有下城特色的社会组织诚信体系基本模式

下城区在社会组织诚信建设上敢为人先、勇于创新,积极探索思考社会组织诚信体系的建设工作。在下城经验的基础上,我们创建了具有下城特色的社会组织诚信体系基本模式,即"下城模式",提出了社会组织诚信体系建设五大工程和"12345"信用体系创建思路(参见图)。

图1　社会组织诚信体系构建模式

“12345”即“一网两库三平台”“四大制度”“五化策略”。与惠州模式相比，在平台建设上，下城模式增建了专家库，提供专家咨询、专业培训等网上服务，为社会组织诚信建设给予了人才扶持；“征信平台”集合了惠州模式中“数据归集”和“信息应用”两大平台的功能，又新创了“微信推送”和“创新研究”两个平台，不仅能加快信息共享速度，还能不断完善社会组织诚信体系，推进社会诚信建设。在制度建设上，下城模式在建设“组织保障、制度建设、联合惩戒、平台建设和信息应用”五大内容的基础上，强调了社工职业化、积分考核、内生精准和持续帮扶“四位一体”，制度建设更加体系化。进而提出“五化策略”（监督体系化、需求导向化、服务精准化、组织品牌化和志愿专业化），对社会组织的诚信体系建设明确了一整套具体措施。

（一）打造“一网两库三平台”，完善社会组织诚信体系架构

建立“一网两库三平台”的公共信用信息管理系统，成立下城区（乃至杭州市，

甚至浙江省)网络信用中心。“一网”指社会信息功能网,统筹管理信用信息数据,将五大工程内容落实到网上,实现“一网覆盖全信息”。将社会服务功能网作为全区社会信用建设的常设信用管理网站,对外提供信用采集,文件发布、技术培训、评价咨询、信用应用、信用管理等服务,对成立的社会组织按类型分类分块,统一收录到社会服务功能网,以满足政府、企业、社会组织及个人的使用需要,实现各部门信用信息的互联共享。“两库”指专家资源库和项目资源库,专家资源库包括高职称专家及专业培训网络课程,项目资源库包括技术、用户和服务项目,集聚专家优势进行专业指导,采集项目信息拓展项目活动,通过网络实现沟通共享,便于社会组织接受专业指导和查询项目活动记录,争取政策扶持、基金扶持、税收优惠政策等。“三平台”指下城社会组织咨询征信平台、微信推送平台和研究创新平台,利用征信平台公示社会组织信用情况,以便政府对社会组织评级和个企对社会组织信息查询;利用微信平台推送社会组织信用信息及项目信息,提高信息传播速度和通知效率;利用研究创新平台探索社会组织诚信体系建设思路,探讨社会诚信建设的方案举措,及时总结实践经验,发表相关研究论文,完善社会组织诚信体系。将“两库三平台”通过“一网”纽带联系,让社会组织之间联系更加紧密,相互学习、共同进步。

(二)建立“四大制度”保障,确保社会组织规范运行

制度是约束人们行为的一系列规则,是社会有序发展的保障。社会信用体系建设需要制度的管理、保障和支撑,社会组织的规范运行需要“四大制度”保障。“四大制度”指社工职业化制度、积分考核制度、内生精准制度和持续帮扶制度。

社工职业化强调社工是一种专门的职业领域,应获得专业化发展。社会职业化制度包括:社工职业标准、社工利益保障、社工属地化管理,社工专业素质培训、社工工作考核等。积分考核制度包括诚信考核机制、信用奖惩机制以及社工与社会组织积分考核标准、社会组织评级标准等,根据标准淘汰或提升社工、判定社会组织诚信等级。内生精准制度注重培育本区域的自生社会组织,激发社会组织内生动力,由本属地社工或社会组织向本地群众提供精准服务。持续帮扶制度强调采用无偿与低偿相结合的方式,实现社会服务项目的可持续。同时,完善社会组织保障机制、信用信息管理机制、网络平台管理机制,制订促进社会信用体系建设的相关文件,确保各社会组织在运行上规范有序,在

操作上有章可循,实现社会"查信用、用信用、信信用"的良好习惯,推进社会组织诚信体系建设。

(三)践行"五化策略",全面推进社会组织诚信体系建设

"五化策略"指监督体系化、需求导向化、服务精准化、组织品牌化和志愿专业化,是推进社会组织诚信体系建设和社会诚信建设的关键措施。监督体系化侧重政府的行政主导作用,建立完善的监督体系,由政府监督管理;需求导向化注重社会群众的实际需求,与市场经济类似,社会需求是社会组织开展项目活动的基本导向;服务精准化强调社会组织的服务质量,做到精细化、个性化;组织品牌化注重社会组织不在量多,而在质精,政府应着重培养呼声高、名气大、形象好的社会组织,让这些社会组织起示范带头作用;志愿专业化是指志愿服务走向专业化,社会组织应设立统一的志愿者管理机构和社会评价机制,对志愿者进行专业培训、提高专业素养,通过社会评价机制筛选志愿者。

小　结

社会组织诚信体系的完善是促进社会和谐建设的重要保障。本文通过开座谈会、实地调研、文件查询、案例实证等方法进一步探讨了社会组织诚信体系建设的思路,为下城区社会组织诚信建设提出了一网两库三平台四大制度五化策略的"下城模式",通过制度保障、技术支撑、示范带动和策略优化,协同推进社会组织诚信体系建设。在实践操作过程中,社会组织要做到脚踏实地,坚守诚信,通过社会信用联结政府信用与个人信用。下城区在社会组织信用建设上勇立潮头,让我们一起努力,积极探索与完善"下城模式"。我们相信,在不久的将来,下城区社会诚信建设将会进入一个全新的阶段。

参考文献

[1]赵明,陈玮. 下城社区公共服务站创新机制惠百姓[N]. 杭州日报,2009-09-13.

[2]杭州市下城区可持续发展实验区建设领导小组办公室. 运用科技手段创新社会管理——下城"66810"为民服务体系数字化、智能化研究与实践[J]. 中国人口·资源与环境,2013(23):484-487.

[3]浙江新闻网．下城“66810 为民服务系统”挺进数字化时代[EB/OL]. http://zjnews.zjol.com.cn/05zjnews/system/2012/08/02/018705883.shtml. 2012-08-02.

[4]新华网．习近平首次系统阐述新常态。[EB/OL]. http://news.sina.com.cn/c/2014-11-09/220731118793.shtml. 2014-11-09.

[5]社会信用体系建设的惠州模式[J]. 领导决策信息,2014(10):20-21.

第三篇 03

文化自信与教育国际化

关于创建浙江民族发展干部学院的建议

十九大报告指出，当前的主要矛盾人民群众对美好生活向往与不平衡不充分的发展之间的矛盾。在全面小康的决胜阶段，民族地区是扶贫攻坚的关键所在。我们研究认为，新时代背景下，民族地区的干部培养至关重要。“行百里者半九十”，全面小康需要“伟大斗争、伟大工程、伟大事业、伟大梦想”，全国各级民族干部是具有决定性的“关键少数”。全面建成小康社会，典型示范带动作用的发挥必不可少。

为此，我们建议，借鉴湖州“浙江生态文明干部学院”的成功经验，尽快创建“浙江民族发展干部学院”。

一、创建“浙江民族发展干部学院”的必要性

为全面贯彻落实习近平新时代中国特色社会主义思想和党的十九大精神，进一步以社会主义民族发展理念引导民族地区各级党员干部，发挥浙江景宁民族发展“三个走在前列”的独特优势和全面小康先行示范优势，积极创建“浙江民族地区发展干部学院”。该学院成立，将有利于深化民族发展研究，引领推动民族地区建成全面小康和高水平现代化建设，并将有效促进干部教育培训阵地建设取得新进展、培训体系得到完善、培训能力得到新提升。

贯彻学习习近平民族发展思想。“志不求易，是不避难”“在科学发展、民族团结和社会和谐三个方面走在全国自治县的前列”。“民族地区一个都不能少”，要像石榴子一样紧紧团结在一起。强调要以民族团结共同发展为宗旨，搭建一个专门的干部教育培训平台，通过抓住各级民族领导干部这个“关键少数”，层层牢固树立起民族团结和生态文明理念；坚持不懈用习近平新时代中国特色社会主义思

想特别是关于民族发展的思想,来武装头脑、指导实践、推动工作,真正让民族发展和生态文明成为民族地区干部群众的共同遵循和自觉行动。

二、创建“浙江民族发展干部学院”的可行性

浙江景宁是华东地区唯一的民族自治县、全国唯一畲族自治县。浙江景宁民族发展具有重要示范意义。以全国畲族文化总部为主要特色的率先实现高标准全面小康“景宁模式”浙江样本,对于全国民族地区具有重大理论价值和指导意义。

这些年来,浙江景宁深入贯彻习近平新时代中国特色社会主义思想,全面落实习近平总书记对景宁的重要指示,以“八八战略”为总纲,坚持“绿色发展、科学赶超、生态惠民”发展主线,深入实施“三县并举”发展战略,打开“两山”新通道,富民兴县再赶超,努力实现“三个走在前列”,加快建设美丽幸福新景宁。在科学发展上,坚持“两山”理论,大力发展绿色产业,被列为“国家生态主体功能区”、国家生态示范县与全域旅游示范县。在民族团结上,依法贯彻落实民族自治政策。弘扬“畲汉一家亲”。共祭民间俗神“何马二仙”,坚持畲汉通婚。村务实施畲汉同管理,协商民主亲密无间。畲医药传承创新,发展养生旅游。在社会和谐上,积极创建“全国畲族文化总部”。坚持推进生态文明、建设美丽乡村。坚持美丽城市、美丽城镇、美丽乡村“三美”同步,全域建设大景区、大花园。坚持立法、标准、制度“三位一体”,加强生态立法、制定建设标准、探索长效机制。

新时代全面小康社会建设,需要提炼民族地区全面小康的“景宁模式”浙江样本,并尽快向全国推广。

三、“浙江民族发展干部学院”的基本构想

浙江民族发展干部学院将以习近平新时代中国特色社会主义思想为指引,深入贯彻落实党的十九大精神,突出民族发展这一最大特色,牢固树立民族发展理念,不断强化民族团结和民族文化传承创新意识,优化教学设计、整合教学资源、创新教学模式、充实教学内容、强健教师队伍,努力在实践中探索一条创新、特色、品牌相促进,规模、质量、效益相统一的发展路子,建设富有朝气和活力的新型干部学院。

组织机制:该学院由浙江省编委办批复同意,由中共浙江省委组织部、浙江省

人民政府民族宗教事务委员会统筹指导、浙江省丽水市人民政府批准建立的一所干部学院。学院实行“省市共建、以市为主”的管理体制。

发展定位:一是特色化学院。着眼于建设全国有特色的干部学院,紧扣时代主题,肩负历史使命,成为民族干部武装习近平思想、厚植家国情怀、锤炼开拓创新能力的重要阵地;二是高端化智库。围绕民族地区发展,积极开展前瞻性、战略性和针对性的课题研究,形成一批理论成果、制度成果和典型经验,逐步确立民族地区发展与建设研究方面的权威地位,为党和科学政府决策提供智库支持。三是开放化平台。立足浙江景宁、放眼全国各民族地区,加强国际国内合作交流,搭建民族文化交流合作、价值提升、国际传播和共享的重要平台。配套建设一批现场教学基地。

(《浙江民进信息》2017 年 246 期)

关于复合应用型国际化旅游人才培养的几点建议

旅游不只是第三产业或现代服务业的组成部分,而是知识产业和创意产业,且具有跨越不同产业界限、实现综合串联功能的产业。从旅游全产业链来看,我国旅游人才的结构性短缺严重,特别是高端经营管理人才和复合应用型国际化旅游人才的短缺,已经严重制约了我国旅游业的持续发展。我们必须通过政府层面的作为,从根本上优化高校本科旅游管理、本科教育的发展战略,有效破解复合应用型国际化旅游人才的培养模式协同创新问题。为此,笔者提出八条建议。

一是,明确核心价值,推进旅游人才观念及标准优化。

正确的人才观是我们解决人才问题的前提。应进一步明确新时期国际化旅游人才核心价值和新观念,确立复合应用型国际化旅游人才的质量标准。判断一个人是不是国际化旅游人才,不应该看他(她)的资历、经历和学历,而是要看他(她)的创新能力、应用能力和行业内的国际影响力;不应该看他(她)外语的学时多少和外语的熟练程度,而是要看他(她)推进中国"文化走出去"的核心竞争能力和实际贡献大小。

二是,强化师资根本,优化教师挂职与创业政策供给。

知识是可以传授的,而能力则必须是通过训练培养的。应从制度层面鼓励旅游专业教师到大型(跨国)旅游企业或者集团挂职锻炼,同时鼓励教师从事旅游创业,特别是围绕新型旅游业态的创业。围绕人才互动与培养展开合作,构建兼职教师队伍与培养复合应用型师资团队师资,实现高校与企业社会之间的文化渗透、管理渗透与技能渗透。

三是,优化培养方案,实施国际化课程教材开发工程。

我国国际旅游事业发展与旅游教育，要肩负起中国“文化走出去”的历史责任，我们一定要注重新型国际化课程建设和具有本土特色的国际化教材开发，而不应鼓励“原版教材、全英语教学”。我们需要顺应时代发展的新要求，重构国际化旅游人才培养方案和课程体系，开发系列化的国际化教材，构建与能力培养相匹配的实践教学体系，还需要构建岗位目标培养的国际化培养机制以及科学考核评价体系。这是我们提升旅游教育国际化核心竞争力的根本路径。

四是，强化基地建设，优化企业培训与师资共享机制。

注重高校与企业高端培训课程和师资的融通共享机制。应从制度层面为企业高管走进学校挂职和担任实践指导教师提供政策支持，充分调动企业高管参与人才培养的积极性、主动性和创造性，实现高校和社会化优质师资资源的有效共享，为培养复合应用型国际化旅游人才提供“复合应用型”师资团队的有效保障。形成互利多赢机制，产学研合作必须有利于企业和学校，有利于教师、学生和企业员工，谋求互惠共赢。

五是，健全系统功能，实施人才全培养链的协同创新。

着力实施“六个一体化”协同创新机制，即：招生教学科研基地就业全培养链一体化课堂课余假期教学时间一体化、学校企业社会教学空间一体化、产学研教学过程一体化、重点学科重点专业与区域重点产业一体化以及课程教材体系标准建设与“中国走出去”一体化。产学研合作是校企双方的共同需要。创造优势共享是满足合作需求的前提与基础，优势互补可以实现成本节约。统筹地方社会经济发展、科技开发与人才培养，共同构建合作平台。这是实现推进协同创新教育系统功能最大化的有效途径。

六是，发挥示范效应，构建大区域旅游人才示范基地。

我国地域空间广阔，旅游发展不平衡，各地国际化人才需求也不尽一致。按照全域旅游发展战略要求，我们需要结合各自区域特色和人才市场需要，着力构筑大区域国际化旅游人才示范基地，形成就地示范辐射引领的功能，推动全国国际化旅游人才事业的发展壮大。因此，国际化旅游人才示范基地建设，具有重要的现实意义。

七是，保护知识产权，推进分配体系和薪酬制度优化。

在全社会营造尊重知识、尊重人才的良好氛围，不断优化我们基于知识创新和贡献的分配体系和薪酬制度。因为旅游产品知识产权保护不力，我国旅游业策划创意方面的竞争力比较薄弱，严重制约了我国国际旅游“国别营销”和核心竞争力的提升。只有不断优化分配体系和薪酬制度，加大旅游业知识产权的保护力度，才能为旅游策划业繁荣发展创造良好的发展环境。

八是，提升教育品质，强化多元化培训体系平台监管。

当前各级各类旅游教育培训体系庞杂鱼龙混杂，水平参差不齐。我们需要教育、文化和人力资源社会保障等多部门协同，构建统一监管平台，进一步优化多元化、多层次的旅游培训体系，推动我国旅游教育培训体系整体提升，进而参与国际旅游教育竞争，打造中国旅游教育高端品牌。

（《浙江民进信息》2016 年 198 期）

新时代国际化校园创建亟待强化"八大意识"

"一带一路"倡议背景下,不少学校都提出了实施"国际化战略"。打造国际化校园已经成为当今的一个热门话题。从积极的层面来看,这样做有利于促进国际文化交流,也推进了与国际接轨,在一定程度上推进了我国教育教学水平和国际竞争能力的提升。但我们也必须看到,在轰轰烈烈的国际化校园建设过程中,也暴露出不少突出问题,主要有以下几个方面:一是主体意识不强;二是文化安全意识淡薄;三是国际竞争意识缺失。校园的环境育人功能因此遭到严重削弱。一些地方的国际学校或外国语学校,公然举办"洋节",有的学校校领导亲自上阵"戴面具、过万圣节"并通过媒体大肆宣传大赚"眼球"经济,在社会上和孩子心灵中造成极坏的影响,不得不让人感到非常忧心。这一问题,值得高度关注。

校园是一片净化心灵的圣洁土地,是"青年学子学青年习近平"教育实践并养成"矢志不渝的理想信念、爱国为民的家国情怀、勤奋好学的进取精神和吃苦耐劳的优秀品质"的精神殿堂。我国各级各类校园,都必须贯彻"青年学子学青年习近平"教育实践的要求,努力提升校园文化品质,不断增强环境育人与全员育人的功能。校园的主题文化建设很值得认真研究。为此,我们提出创建国际化校园亟待强化"八大意识"的建议,具体内容如下:

坚持家国情怀的主体意识,传承民族英雄的光荣意识。有效展示体现民族精神的英雄事迹,强化学子的精神追求。榜样的力量是无穷的,校园里要充分展示中华民族的英雄人物。我们认为,无论是从人类文明的角度来看,还是从民族自尊的角度来看,让学生崇拜张骞和郑和,要远比让学生崇拜索罗斯和巴菲特要高尚得多!我们不仅要展示"抗美援朝"的英雄史诗,还要充分展示中国援助"亚非拉"的宏伟业绩。校园文化建设必须坚持家国情怀的主体意识,绝不允许外国的英雄和西方价值观占领我们的校园文化阵地。

完善环境育人的功能意识,强化立德树人的责任意识。学校国际化战略必须强化主题意识,弘扬优秀传统文化,立德树人。厚植家国情怀和培养跨文化能力,需要贯彻"一带一路"和"文化走出去"战略,智慧选取与优化校园文化展示内容。要用"浙江经验"和"美丽中国"建设与发展的最新成果,不失时机地教育和熏陶我们的学生,厚植家国情怀。要全方位地展示中国优秀传统文化,千方百计地强化理想信念和道德情操教育,决不能让贪图享乐和奢侈浪费文化在校园里有藏身之地。

增强对外开放的安全意识,培育居安思危的危机意识。学校要正确对待与有效管理外来文化。当前的高校,特别是基督教、天主教等外来宗教问题和外国留学生管理制度和机制问题亟待加强和完善。对各级各类学校的外国人要强化实施法制化教育与有效管理;要在校园里建设足够且有效的提示性标识。校园文化建设与管理,必须坚决维护包括文化安全和生态安全在内的国家安全。我们坚持推进国际交流与教育合作,但绝不允许任何人通过任何方式威胁国家安全。

加强自强不息的自信意识,培养国际文化的竞争意识。有效展示美丽中国和健康中国的最新成就,厚植家国情怀。需要贯彻"一带一路"和"文化走出去"战略,智慧选取与优化课程教学内容。中华民族对世界的贡献,远不仅仅是古代的四大发明,还有今天世界称雄的高铁技术、量子卫星、互联网电商和人工智能等众多不胜枚举、引以为自豪的中华智慧,足以让我们拥有文化自信、道路自信和理论自信。对外开放只是手段,发展自我与提升国际竞争力才是我们的根本目的。为此,必须加强自强不息的自信意识,培养国际文化的竞争意识。

以浙江外国语学院为例,针对国际贸易专业,应该大力宣传张骞和郑和、任正非和马云。针对阿拉伯语专业,我们有必要有效展示穆罕默德《古兰经》"为了追求真理,哪怕远在中国"。针对意大利语专业,我们需要适时展示马可波罗赞美杭州是"美丽富贵的天城"。针对日语专业,我们需要有效展示鉴真和尚、茶圣陆游和心学大师王阳明的重要事迹。针对韩语专业,我们展示韩国流亡政府在杭州的峥嵘岁月以及嘉兴船娘勇救金九的动人故事。还可以不失时机地展示杭州 G20、北京"一带一路"峰会、杭州中国国际茶文化博览会等重要内容。借此思路,我们还可以考虑将校园打造成国际化"主题文化博览园"。

因此,我们要着力打造体现国际竞争力的校园文化。养正卓越品质,弘道创造未来。

第四篇 04

旅游产业转型与国际化

智慧旅游亟盼政府有关部门智慧推动

2014年国家旅游年的主题是“美丽中国之旅——2014智慧旅游年”。“智慧旅游”概念的提出至今不过四年时间，但迅速得到业界和学界的积极响应。各旅游地、旅游部门、旅游企业纷纷打出智慧旅游营销口号，IT企业、投资机构也推波助澜，智慧旅游成为一种炙手可热的时尚潮流。九寨沟是国内建设最早、投入最多、获奖最多的智慧旅游景区。2010年10月九寨沟景区智能化管理与服务平台通过国家验收，成为全国第一家网格化管理景区。2011年6月又启动了国家科技支撑计划“智能导航搜救终端及其区域应用示范”项目。但就是这样一个示范性智慧景区，出现“十一黄金周”游客管理失控局面，由于游客的团队与散客的结构发生变化，大量蜂拥而至的自驾和自助游客，导致景区入口和内部道路交通瘫痪。这让人们不得不对九寨沟的智慧旅游建设进行全面反思。

综观目前智慧旅游建设热潮，问题突出地表现在以下几个方面：第一，从国家层面来看，智慧旅游缺乏整体性的顶层规划设计。第二，在智慧旅游建设项目上，表现为运动式的“大干快上”各自为政、自行其是、分头建设、零打碎敲，各个系统之间数据不能相互兼容和共享。第三，从地方政府管理层面来看，重投资、轻服务及缺协同情况比较严重。智慧旅游因为缺少融合和兼容，导致众多的智慧旅游管理与服务功能欠缺或难以实现。这些问题，导致我国的智慧旅游发展呈现出明显的孤岛化、分散化、碎片化和泡沫化趋势，造成智慧旅游资源和建设资金的极大浪费，与发展智慧旅游的良好初衷和战略目标相背离，已经成为十分突出的问题，迫切需要从根本上加以解决。

针对上述问题，结合旅游深化改革的实际情况，提三点建议：

一、需要大智慧顶层设计与大数据系统支持

按照依法治国的要求，县级政府是我国基本财政和行政单位。根据旅游者行为的节点状和环状行为规律，我们可以以县为基本单位引入“电子商城”的概念，解析与整合区域的全部旅游要素，构建旅游消费者个性化订制与网络销售平台。特别值得强调的是，在这个系统中，每个景区景点及旅游要素单元都有独立的网站，而这个网站是与总网站数据是共享的，只要分网站的数据有所调整和变更，总网站的数据将随之相应地改变。借基础上，编织省一级乃至全国的智慧旅游网，形成一个数据保真、功能齐全、层次分明的智慧旅游系统。

大整合和大数据的应用，看似只是手段，但要真正做到这两点的基础是必须改革现有区域旅游公共管理体制和运营机制，也就是由旅游平面管理向立体层次化管理、由经验管理向数据管理、由行政指令式的静态管理向与游客交互式的动态管理、由事后补救向事先预防、由单一部门单打独斗向跨部门协同合作等方向的根本转变。需要旅游相关部门和要素的协同配合、全方位配套支撑。智慧旅游系统创新设计思路需要致力于顶层设计的技术框架：以县为单位，按照电子商城的模式进行设计，致力于服务模式、盈利模式和技术模式的协同创新。

二、需要层次化协同管理与精细化个性设计

针对日渐兴盛的占旅游市场总额的80%以上的散客市场而言，基于移动智能终端实现游客的个性化订制显得尤为重要。要利用大数据技术在更大更广的范围内，对各种海量信息（如各大旅游预订网站、大型搜索网站、大型社交网站等，以及交通、旅游住宿和旅游景区的历史数据等），按照不同目的和要求进行数据挖掘、逻辑分析，同时建立区域旅游的客流时空分布的数理模型和最大承载力的经验测算，争取在出游前就事先做出预测、预报和预警，并将这些信息事先推送到游客手机端上，或在各口岸、游客集散地和高速公路入口处及时发布，同时启动应急预案，便于游客及时相机调整旅游计划，或选择其他旅游线路和项目，将管理工作前置化，促进规范化管理向精细化服务转变。

三、从国家安全高度切实维护好旅游信息安全

一个时期以来，一些地方政府一度以委托国外机构开展旅游规划为荣。这钟

行为必然存在泄露我国区域政治社会经济信息的重大风险和隐患，不可不防范。此外，在入境旅游管理方面，传统观光旅游，国外客人一般情况下来去匆匆，入境游客管理问题不是很突出。现在普遍兴起的休闲度假旅游（比如洋家乐），外国客人滞留的时间就比较长（有些甚至长达一个月以上），必然会导致区域文化安全和国家安全的管理问题，必须引起高度重视。各级政府一定要根据区域入境旅游度假休闲发展的实际情况，尽快健全完善外国人度假管理的相关法规制度，特别要注重加强针对外国游客的文化安全和国家安全的有效管理。

（《浙江民进信息》2014 年 294 期）

中国龙之旅国际旅游产品创意设计

一、针对中西龙文化差异，创意中国龙旅游产品

中国龙 Loong 与西方龙 Dragon，在文化内涵上有本质差别。这种差异直接影响到我们中国龙文化在西方的有效传播，需要我们依托国际旅游，来推进中国龙"文化走出去"。

国人对龙的崇拜也成了中国历史上一种绵延了数千年且至今仍保持的文化现象。在中国，龙图腾、龙的传说、龙文化至今约有八千年的历史，在这漫长的历史进程中，伴随着各民族的文化交融，龙逐渐演变成了具有非凡的能力，有鳞有角，有牙有爪，能钻土入水，能兴云布雨，又能电闪雷鸣的神兽。一直以来，中国人自许为龙的传人。龙是最神秘、最高贵的图腾，在皇室龙是帝王的标志，在民间龙则是造福人间、令人敬仰的吉祥之物，是祥瑞的象征。而在西方，Dragon 是神话中一直强大的生物，外形类似一只长着类似蝙蝠肉翼的蜥蜴。在他们眼中，会喷火食人的 Dragon 让人感到无比心惊、恐惧。我们了解到中世纪的一些英雄往往以屠杀 Dragon 为荣；基督教艺术和文学用 Dragon 来象征魔鬼撒旦；诸多欧美大片将 Dragon 作为大反派搬上银幕。因此，在西方，Dragon 只是邪恶的象征。

可见，西方人把中国人传说中"能行云布雨、能大能小、能升能隐"的神异动物龙译成了"长着蝙蝠的翅膀，能吐火，身披鳞片的蜥蜴或蛇，有带刺的尾巴"的巨大生物 Dragon。这是西方对中国龙的颠覆性误解。因此，我们立足于中国对龙文化的理解差异，采取旅游产品创意创新的视角，分别解析中国龙作为天授皇权象征、深入民间祥瑞、展现时代精神这三个层面，针对国际旅游市场需求设计开发出了一条面向欧美市场的"中国龙之旅"国际旅游线路。该旅游产品由北京入境，途经

山东、江苏、浙江，上海离境，采用高铁作为境内主要交通工具，涵盖北京、山东、南京、杭州、上海等经典旅游景区，以中国龙为主题文化特色的旅游线路来刷新西方人士对中国龙的认知和体验。

二、探访中华之历史胜迹，感知龙文化威严

第一站北京。作为首都，在历史上也是著名的古都城，集中体现了我国龙文化。

先去故宫，因为在中国龙文化中，皇帝受命于天，是天之骄子，龙是通天神兽，而故宫曾是明清两代 24 位皇帝的住所，无疑是感受皇权象征的最佳地点。这里有太和殿屋脊上的大龙吻，殿内蜷龙盘卧的龙椅，宝座上方游龙戏珠的藻井，殿顶群龙点缀的天花板；保和殿后寓意九五之尊的云龙阶石；宁寿宫前蕴含多重九五之数的九龙壁；乾清宫内作为帝王专属服饰的龙袍……故宫内龙作为皇权象征的印迹几乎无处不在。走进龙潭湖公园，这是一座以中国龙文化为主题的新型城市园林。龙字石林景区汇集了从先秦到如今的各个朝代的 229 个“龙”字，展示了中国龙形的演变。让人深刻体会到龙自古便是帝王的象征。在这里还可观赏龙字碑林、百龙亭、古典建筑龙吟阁、龙形石雕和龙桥等景点，定能感受到龙在中国的重大象征意义。参观被誉为世界八大奇迹之一的长城，作为我国古代杰出的军事性防御工程，长城就如一条卧龙横卧在疆土上。俗话说“不到长城非好汉”，迄今先后有尼克松、里根、撒切尔等 372 位外国首脑和众多世界风云人物登上八达岭长城观光游览。

第二站山东，可探索皇权统治的思想源流。从北京乘坐两小时的高铁就可到达山东曲阜——儒家学派创始人孔子的故乡。汉武帝曾“罢黜百家，独尊儒术”，确立了儒学在封建社会的正统地位，所以以龙为象征的皇权统治是以儒学为思想基础的。在曲阜最值得观赏的便是“三孔”——孔庙、孔府、孔林。孔庙殿内有孔子及其门生塑像，殿前檐下十根精雕龙柱伫立，可观赏祭孔表演。孔府与孔庙相邻，是仅次于明清皇帝宫室的最大府第。孔林，是孔子及其家族的专用墓地，神道上的万古长春坊分布着盘龙、骏马等精美石雕。登泰山。从曲阜乘坐 20 分钟的高铁来到泰安游览五岳之首的泰山。泰山自古是“天人合一”思想的寄托之地，也是古代帝王封禅和祭祀之地，因此留存着大量历史遗迹，大到古建筑群，小到碑碣石刻。在欣赏泰山绝美自然风景的同时我们将在古刹掩映、宫观林立间寻找龙作为皇权象征的印迹。无论是因封禅祭祀而变得神圣的泰山,还是作为皇权思想基础不断演变的儒学,都体现着中国龙作为皇权象征的威严与神秘。

三、寻访经典之都市民间,体验中国龙文化祥瑞

外国游客可在南京、杭州深切体验中国龙在民间受到的崇拜和祥瑞的寓意。

第三站南京。从泰山乘两个半小时左右的高铁即可从泰安抵达南京。南京地处黄河文明和长江文明的融合交流之处,在民间感受到的龙文化也别具风采。首先前往秦淮河,颇具盛名的金陵灯会于每年正月初八至正月十八在此举行,其间秦淮河沿岸遍挂纱灯,夫子庙内热闹非凡,泮池大照壁上"二龙戏珠"的巨型彩灯格外引人注目,寓意吉祥安泰。玩龙灯和挂纱灯自明清起就作为庆祝金陵灯会的重要民俗活动,少则几十人,多则上百人一同齐心协力,让龙灯飞舞,祈求来年龙腾虎跃,风调雨顺。而这种美好的愿望和期盼,正是龙在民间祥瑞象征的体现。而现在水的另一重要功效已经被人们发现并利用——温泉的医疗作用。南京汤山温泉是历史悠久,世界著名的温泉疗养区,历史上帝王将相,文人雅士均曾慕名前来沐浴游览。汤山温泉对某些慢性疾病的治疗效果明显,是放松身心,休闲度假的佳处。

第四站杭州。从南京出发 40 多分钟的高铁行程就可到达杭州。在民间,龙是祥瑞征兆,是美好生活的象征。人们通过多种表现形式表达着对龙的喜爱及对美好生活的希冀,由此形成了富有传统和特色的民间龙文化。龙是能行云布雨,消灾降幅的水中神物。正是因为古时降水对百姓农业活动很重要,人们才加深了对龙的崇拜。杭州关于龙的民间风俗很多,值得关注的是一年一度的五常龙舟盛会和蒋村龙舟盛会。龙舟竞渡是端午节的重要庆祝方式,"祭龙王""龙王点睛""龙王下水"等传统民俗仪式,体现出历史演变而来的民间的龙王崇拜文化;各种形态丰富的龙舟样式展现了人们伟大的艺术创造力;各个赛手们同心协力奋勇前进的场景,更是充分展现出中华民族自强不息奋勇拼搏的精神。因此我们将首先前往杭州西溪国家湿地公园的河渚街参观龙舟陈列馆,同时体验在此举办的划龙舟舞龙活动。接下来我们将前往河坊街,河坊街是杭城的历史文化名街,在此遍布着关于龙的民间艺术工艺制品,如龙凤呈祥的剪纸艺术品、龙形雕刻玉器、以及各种龙形编织艺术品等,工艺制品不仅展示着工匠们的精湛技艺,更是中国龙在民间,在百姓心中不凡地位的体现。在河坊街不但可以品尝到糖画、吹糖人这般

的龙形美食,还有各色冠以龙字的美食,如杭州特产龙须酥、龙须面、饺子(龙耳)。

四、欣赏中国现代都市风貌,了解中国传承龙马精神

第五站上海,作为中国经济发展的前沿,在此我们将领略中国龙所展现的现代精神。

从杭州乘50分钟左右的高铁即可抵达上海。在上海,首先欣赏东方明珠广播电视塔,作为上海的地标性建筑,它于1991年开始兴建于上海外滩黄浦江东岸,见证了上海经济文化的腾飞。东方明珠塔高468米,在零米大厅内的上海历史博物馆可一睹近代上海城市的发展进程;东方明珠科幻城位于塔底,各类体验项目琳琅满目;在上球体的观光走廊可将上海全景尽收眼底,同时旋转餐厅可带来别样的用餐体验;在顶部的太空舱可感受现代前沿科技的无穷魅力。高达632米的上海中心大厦也定是不可遗漏的,它是上海又一座超高层地标式摩天大楼,大厦采取"龙型"方案作为设计蓝本,建成后将成为中国第一高楼及世界第三高楼,寓意着以上海为代表的中国经济巨龙,正在蓄势腾飞。

紧接着,可游览位于上海市世博园区的梅赛德斯-奔驰文化中心。这是国内第一座可变容量的大型室内场馆,是一个集综合演艺、艺术展示、时尚娱乐于一体的文化集聚区,也是未来上海文化娱乐的新地标。在这举办过无数超大型庆典、演唱会、篮球比赛、冰上表演及冰球等赛事活动,无不展现着世界一流水准。

最后可参观中华艺术宫,它由2010年上海世博会中国国家馆改建而成,是亚洲最大规模的艺术博物馆。中华艺术宫的华丽变身,充分体现并延续了世博会"城市,让生活更美好"的主题,也展示了我们作为龙的传人不断进取的精神及积极的生活态度,同时也为打造世界艺术交流枢纽做出了贡献。这体现了上海作为中国经济发展前沿的同时,也受到了世界的瞩目与认可,这与中国龙赋予我们龙的传人不断拼搏、奋发、创新的精神鼓舞是分不开的。

我们认为,纠偏西方对中国龙文化的误解,正本清源还原中国龙文化的本质,将以中国龙文化为主题的国际旅游产品"中国龙之旅"推向全世界,是我们义不容辞的责任。上述中国龙之旅国际旅游产品,立足中国龙文化,主题明确、线路层次鲜明,以舒适安全准时的高铁作为主要交通工具,通过北京、山东的"皇权象征"、南京、杭州的"民间吉祥"、上海的"现代精神"三个不同方面使西方人士更全面、更深刻地了解中国和理解中国龙文化。本产品有效地将中国龙文化与建筑,饮

食，服饰，风俗节庆，民间工艺等相融合，包容性强内容丰富，能给西方游客留下深刻而美好的旅游感知。

"中国龙之旅"，也可以使国内游客更好地了解与理解我们中国将龙文化作为精神象征的寓意，激励我们"龙的传人"不断自强不息、奋发图强，以发扬中国龙精神，为实现中国梦而努力奋斗！

（该文在《中国旅游报》2015 年 9 月 7 日发表）

浙江台州蓝色旅游发展战略研究*

当前,人口资源环境的制约日益严重,人地矛盾日益突出,人类生存和发展面临前所未有的严峻挑战。传统的山水观光和风景名胜旅游,受地理条件和资源环境的制约,容易产生资源同质化与产品低档次的恶性竞争。特别是土地资源的严重制约,使得陆地旅游景区开发和项目建设难以有发挥的空间。而依托我国的蓝色海洋,大力发展蓝色旅游,这正是我们旅游人大显身手的好舞台。我国具有五千年的悠久历史,海域面积广阔,滨海、海洋、海岛资源非常丰富,海洋产业和特色文化旅游资源价值和魅力巨大,这是发展蓝色旅游的重要物质技术和精神文化基础。转变发展方式,探索转型升级,谋求科学发展成为各级政府和社会各界的广泛共识。国务院批准设立了山东、浙江及广东等三个"海洋经济试点省份"。发展浙江海洋经济已经上升为国家战略。大力发展蓝色旅游,已经成为引起沿海各地的广泛关注,北起辽宁山东、上海浙江福建、南至广东海南,近期都提出了发展蓝色旅游的重大构想。大力发展蓝色旅游,既是科学发展的重大决策,也是产业转型升级的必由之路。因此,我们坚信,中国蓝色旅游一定能够促进旅游产业转型升级,实现区域特色科学发展。

(1)产业地位突出,战略区位优良,经济实力雄厚

浙江省政府已经明确旅游产业是国民经济的支柱产业、转型升级的先导产业、创新创业的先行产业和生态文明的示范产业。

浙江省台州市是长三角经济区和海西经济的交叉辐射地带,地理位置十分重要。领海和内水面积约6910平方公里,占浙江省的16.3%,其中20米等深线以

* 本项目为台州市旅游局委托课题。

内的浅海面积4323平方公里，占浙江省的18%。台州沿海岸线漫长、港湾众多、潮滩丰富、岛屿棋布，拥有“港、景、渔、涂、能”五大海洋优势资源(图二)，在浙江省占有重要的位置。台州大陆岸线长630.87公里，海岛(>500平方米)687个，其中无居民海岛654个，占全市海岛数的95.2%。海岛陆域面积271.49平方公里，海岛岸线长913.24公里，大陆岸线和岛屿岸线总长达1544.1公里。丰富的海洋资源为台州加快海洋经济发展提供了优越的物质基础和发展空间。境内自然风光秀丽，历史文化源远流长。台州是中国大陆首航台湾出发地；中国汉化佛教第一宗天台宗的发祥地；唐代鉴真和尚东渡出发地；明代郑和下西洋和海上“丝绸之路”的必经地；一江山岛中国首次陆海空三军联合作战纪念地；中国股份合作经济的策源地，也是新世纪第一缕曙光首照地。

台州是“中国优秀旅游城市”和“中国文化生态旅游示范区”。目前拥有五星级酒店1家、四星级宾馆4家，旅行社42家，国家4A级旅游区6处，国家重点风景名胜区3处，全国重点文保单位3处，及方山－长屿硐天－雁荡山世界地质公园和临海国家级地质公园等，构成了“佛、山、海、城、硐、经”为一体的特色资源，在浙江省品牌旅游资源全省排名第三位，有着不可替代的资源优势。2009年旅游总收入占GDP比重为11.4%，全市共接待国内外旅游者2895.87万人次，实现旅游总收入230.04亿元，同比增长11.16%和10.28%。台州是我国股份合作经济的发祥地、浙江制造业的重要基地、浙江的粮食主产地、我国主要渔区、著名的果品基地，是商贸发达的市场大市、新兴旅游城市和电力大市，也是长三角城市群第16个成员。改革开放以来，台州凭借灵活的民营机制和“敢冒险、有硬气、善创造、不张扬”的台州人文精神，迅速从省内落后地区跻身于我国沿海发达城市行列，创造了以“民营主导加政府推动”为主要特征的“台州现象”。市区经济综合竞争力在中国大陆城市竞争力排名中居35位。先后获得中国最佳商业城市、中国金融生态城市、中国品牌经济城市、全国质量兴市先进市、全国十大最具幸福感城市等荣誉称号。台州旅游业近年来的快速发展也积累了一定的宝贵经验，为未来发展提供了有益的启示。一是政府主导市场主体，强化政府主导，积极发挥民营经济的优势和作用；二是资源整合产业融合，工业旅游、会展旅游的发展实现旅游与其他产业的融合；三是区域合作优势互补品牌共创，如“天仙配长城作证”“江南仙境”旅游联合体的成功运作。因此，我们有理由坚定信心，台州旅游业一定会拥有光辉灿烂的明天。

(2)发展理念先进,资源优势明显,发展前景广阔

台州文化产业稳步推进。近年来,台州市坚持公共文化服务向基层倾斜,以农村、社区和企业文化建设为重点,认真实施"三个三"文化计划,分别从网络设施、活动内容、制度保障等三方面搭建立体式的服务框架,形成了相对比较完整的基层公共文化服务体系。目前,全市已建有临海、玉环、椒江和温岭 4 个省级文化先进县,7 个国家一级文化馆,3 个国家一级图书馆;61 个省东海文化明珠乡镇,64 个台州市文化明星乡镇,67 家乡镇综合文化站;12 个省级文化示范村,4148 家市级基层文化俱乐部。到 2015 年,现代文化产业体系基本形成;以园区为载体,建立 3 -4 个省级文化产业示范园区;培育 8 ~10 个能够进入《浙江省"十二五"文化产业发展规划》骨干文化项目;文化产业的发展速度高于全市 GDP 增幅,文化产业占全市 GDP 的比重达到或超过 6% ,文化产业人均产出高于浙江省平均水平,位居浙江省前列。文化产业总量进一步扩大,到 2020 年,文化产业占 GDP 比重超过 8% ,对 GDP 贡献率达到或超过 10% ,成为台州市经济发展的重要支柱产业,使台州成为国内外具有较大影响的文化产业发展区域,特别是民营文化产业发展的先进城市。

台州是民营经济策源地。台州是中国第一家股份合作企业诞生地,是中国当前两大经济模式之一的"温台模式"的创始者。改革开放 30 多年来,台州从一个地理封闭、基础薄弱的农业地区,到如今中国东南沿海的制造业重镇。截至 2007 年台州城镇居民可支配收入排名全国第六仅次于东莞、深圳、温州、上海、北京。台州谜一般的变化充满神奇促使中科院系统深入地进行研究调查,于 2008 年首次提出了"台州模式",即再生资源 - 专业市场 - 块状经济 - 民营机制"四位一体"的区域经济发展模式。在浙江省,如果说宁波发展靠人才、温州发展靠外出创业,绍兴发展靠文化,那么台州发展就靠产业集群。这也是台州进入中国城市综合竞争力 50 强的最大优势。产业集群的崛起对台州经济发展起到巨大的推动作用。台州产业集群数量众多,近几年来在质量上也有明显的提升,如当地的十大支柱产业集群:塑料模具、汽摩配件、医药化工、家用电器、电力能源、服装机械、水泵阀门、工艺美术、新兴材料、鞋帽服装。所形成的产业集群在规模实力和辐射效应上不可轻视,比如模具业产值与其相关产业的产值比约为 1: 100,即每 1 亿元模具即可带动约 100 亿元的相关产业的发展。

台州顶级特色资源主要体现在三个以下方面:天台佛教文化、海防文化遗产、

民营经济模式。文化是旅游业的灵魂，特色是旅游业的生命。台州区域文化旅游资源非常丰富，需要加强研究与开发，走特色发展的路子。发掘东海文化，把台州打造成“福如东海”主题旅游区和亚太蓝色旅游胜地。发掘和利用汽车文化，把台州打造成“中国汽车文化博览园”；发掘佛教文化，把天台山打造成“世界佛教文化发展基地”；发掘海防文化，把台州打造成“中国海防文化第一城”。大力发展文化旅游产业大有可为。

台州旅游发展战略思路如下：

基于主题理念的深化，描绘极具特色的发展蓝图。引进新的旅游发展理念，从科学发展低碳循环经济、建设生态文明与蓝色文明以及发展国家战略性支柱产业的高度谋划台州旅游产业的发展战略，并在智力支持和深入调研的基础上规划设计全市旅游发展的目标定位，并在全市上下形成共识，合力兴旅。

基于旅游功能的研究，探索转型升级的发展策略。在充分认识到旅游业发展的经济、社会和环境等综合功能的基础上，探索我市旅游业转型升级跨越式发展战略与策略，实现旅游产业由粗放型向集约型发展转变，由注重规模扩张向扩大规模和提升效益并重转变，由注重经济功能向发挥综合功能转变。

基于产业组织的重构，谋划创新旅游的发展模式。要按照旅游综合体的发展模式对现有旅游产业组织进行系统化配套和重建，探索全市旅游产业发展的新格局和新途径。

基于市场需求的分析，明确产品体系的开发方式。在分析国内外客源市场需求特点的基础上，明确我市旅游产品的开发方向、开发内容和整合方式，创建全新的适合市场需要的旅游产品体系。

基于保障体系的构建，拟定切实可行的实施途径。在现有政策机制基础上，站在全球旅游发展的战略高度，积极探索创新，谋求构建切合战略需要的保障体系，拟定切实可行的实现全市旅游发展目标的实施途径。

台州蓝色旅游发展战略的构建，具体内容包括：

一、一个旅游理论创新

(1)蓝色旅游概念界定

2010年发布的《蓝色旅游台州宣言》率先提出蓝色旅游新概念：运用融合发展的新理念，依托滨海、海洋与海岛产业与特色文化资源，结合生态文明建设，根据国际国内旅游市场的发展趋势，整合开发滨海城市、海鲜美食、渔家风情、文化娱乐、产业旅游、购物旅游、邮轮游艇和休闲养生等多元化与系列化新兴旅游产品的综合性旅游产业。

(2)蓝色旅游重大意义

蓝色旅游强调海洋与陆地的交互作用，将海洋意识培养、海防文化教育、海洋产业拓展和海洋文明建设作为蓝色旅游内容的核心组成部分。强调运用现代旅游技术，推进海滨城市旅游、邮轮与游艇旅游、海洋文化体验等高端旅游产品的发展。着力构建以滨海城市、度假区、度假酒店为主体的休闲度假海岛海岸，形成具有影响力的海滨养生度假连绵带，从而打造“蓝色旅游”品牌，推进沿海地区产业转型升级，实现区域特色科学发展。

(3)蓝色旅游发展模式

强化蓝色旅游战略策划和规划工作。借助海防文化、特色产业、鲜美特产和民俗风情等重要优势资源，树立鲜明的旅游城市形象，打造中国蓝色旅游品牌，以“新千年曙光”为标志，以“蓝色旅游胜地”为目标，形成具有国际影响的亚太“养生”海岸旅游目的地。

加快蓝色旅游产品开发与品牌打造。转变旅游增长方式，调整产品结构，走出“弱小散差”的旅游格局，从看海到游海、玩海、读海、亲海，到发展海洋运动休闲养生度假为主体的高端集聚豪华型旅游。积极推动产品升级、产业转型，构建全新的旅游产品结构体系，从而形成水上运动、近海游轮、海上牧场、滨海度假、海岛旅游等高端产品体系。蓝色旅游旅游产业注重将海洋旅游带、海岸产业文化旅游度假带和内陆山地休闲旅游带复合型的发展模式。

二、两大战略目标定位

(1)亚太蓝色旅游胜地

主动融入海洋大产业，积极应对亚太旅游竞争。立足枢纽港的区位优势，建设海洋游艇旅游、海防文化旅游、滨海海岛产业旅游以及养生休闲度假旅游的产业集群，形成具有国际标准和国际辐射能力的“蓝色旅游产业示范园区”；围绕快速交通，建设好旅游机场、游艇和邮轮码头，实现海陆空三者有机衔接的立体交通体系。各相关部门以及企业要积极参与，倡导合力兴旅，推进资源共享，品牌共创，产业共树，利益共享。

打造亚太蓝色旅游胜地的主要措施有:先声夺人,占领制高点,发布《蓝色旅游台州宣言》;科学发展,重在落实,编制《蓝色旅游发展规划》;制定《蓝色旅游示范区国际标准》;积极争取创设"中国蓝色旅游实验示范区"和"国家级蓝色旅游高新产业园区"。

(2)国际佛教文化胜地

世界佛教发展是由印度传入中国,再由中国传遍世界的。台州天台宗佛教史中国汉化佛教第一宗,对日本和东亚地区佛教发展产生了广泛和深远的影响。以天台山中国佛教第一宗"天台宗"为依托,运用现代信息化技术手段,加快"佛教文化智慧园"等重大项目建设步伐。天台山及其佛教文化为我们构筑"国际佛教文化胜地"奠定了坚实的历史文化基础。

三、三大战略品牌铸造

根据旅游发展新形势,台州需要从提升旅游产业国际竞争力的高度,进一步确立"东海前门,佛宗仙境,曙光台州"整体旅游形象,提高台州知名度、美誉度和忠诚度。通过高品质旅游产品,实现区域旅游品牌资产的累积与增值。

"东海前门"。台州拥有毗邻东海的地理位置和章安海门文化的历史基础,借此我们可以确立"东海前门"的旅游形象。

"佛宗仙境"。中国佛教第一宗天台宗佛教文化至今对日本和东南亚都有深刻影响。仙居是神仙居住的地方,包括临海以及沿海海洋在内的"江南仙境"区域整合已经具有重要影响。"佛宗仙境",还涵盖道教养生的内容,适宜养生修炼,怡情冶性,令人神往。"佛宗仙境"主要支撑产品为天台宗佛教文化旅游和仙居休闲养生旅游旅游。

"曙光台州"。"曙光台州"包括三层含义:其一,中国大陆新千年曙光首照地;其二,中国海防文化发源地;其三,天台宗佛教文化对外辐射之光。主体支撑产品为高品质海洋海岛休闲度假旅游产品和工业旅游产品。"曙光台州"是对其作为滨海地区海洋海岛风貌的概括与凝练,更是其独特的形象符号。以其为形象口号向市场宣传,能够在第一时间展示其海洋海岛旅游产品特征,树立整体形象。将台州市名嵌入主题形象宣传中,易于记忆,且可通过不断传播持续强化游客的认知,有利于台州旅游知名度的扩大及品牌资产的积累。"曙光台州"反映了台州中国民营经济发源地,民营经济实力雄厚,具有很强的辐射力。

佛宗仙境，养生台州。以天台山佛教文化、道教文化和仙居自然生态与休闲农业旅游的资源优势，充分发挥养生文化、养生产业和生态旅游方式的综合作用，积极创建休闲养生度假旅游发展模式，大力推进旅游产业转型升级，合力铸造“养生台州”品牌。东海前门，鲜美台州。以东海文化和特色海门文化为依托，充分发挥海洋产业和海鲜美食的旅游功能，创建“东海美食城”，弘扬海鲜美食文化，促进海洋旅游发展和旅游综合效益提升，合力铸造“鲜美台州”品牌。福如东海，曙光台州。以“民营经济策源地”“千年曙光”和东海祈福文化为依托，充分发挥浙江产业经济优势资源，大力发展产业旅游，大力彰显“民营经济探秘游”和台州幸福城市“祈福游”，合力铸造“曙光台州”品牌。

“东海前门，佛宗仙境，曙光台州”既考虑了台州资源的地域文化特色与民营经济特色，又向客源市场传递了鲜明的特色产品信息，更兼顾了与周边竞争对手的差异化定位。其主体支撑产品为佛教文化旅游、养生旅游、海洋海岛旅游、美食旅游和产业旅游，与台州重点打造蓝色旅游产品的整体思路相吻合，有利于台州旅游整体品牌的打造和强化。

四、四大战略保障措施

(1)制度保障

要从促进旅游产业和谐发展与科学发展的高度，完善旅游管理制度和优化旅游发展环境。积极争取国家旅游局“旅游目的地体系建设”项目和浙江省政府“旅游综合改革试验区”。积极创建“国家蓝色旅游产业试验示范区”，争取国家和省的相关政策扶持。进一步落实宾馆饭店与一般工业企业同等的用水、用电、用气价格政策。鼓励旅行社参与政府采购和服务外包。进一步合理规范旅行社按营业收入缴纳的各种收费。排放污染物达到国家标准或地方标准并已进入城市污水处理管网的旅游企业，缴纳污水处理费后，免征排污费。旅游企业用于宣传促销的费用依法纳入企业经营成本。除国家明令禁止外，国家机关、企事业单位和社会团体的公务考察、来访接待、会议展览等公务活动中的社会化部分，积极鼓励采取服务外包形式，通过政府采购委托旅行企业代理。切实把旅游业发展和项目建设用地需求明确列入各级土地利用规划。在修编和调整城市总体规划、土地利用规划、海洋功能区划、基础设施规划和村镇规划的时候，要充分考虑旅游业发展的实际需要。积极支持利用荒地、荒坡、荒滩、垃圾场、废弃矿山和边远海岛等开发旅游项目。支持企事业单位利用存量房产、土地资源兴办旅游业。落实旅游产业"融合发展"思路,尽可能在相关产业中,在不改变用地性质的前提下大力发展旅游业。落实执行无人岛旅游开发的土地相关政策,有序推动海洋海岛旅游发展。

(2)机制保障

坚持政府主导,根据旅游实际需要扩大政府政策供给。强化政府主导作用,深化改革开放。成立台州市旅游发展委员会,组建台州市国有控股旅游集团公司积极争取上市。进一步强化市本级的旅游管理职能的发挥,从战略层面强化资源整合力度,共创旅游发展新优势,打造区域旅游核心竞争力。按照全市旅游产业战略部署,从政策层面积极鼓励民间资金投资游轮游艇与海洋海岛旅游开发。充分发挥台州民营经济发展优势,合力兴旅。

积极鼓励社会资本公平参与旅游业发展,鼓励各种所有制企业投资旅游产业。鼓励各市县结合实际建立更加高效的旅游业管理体制。推进国有旅游企业兼并与改组改制,支持民营和中小旅游企业发展壮大,积极引进外资旅游企业。支持各类企业跨行业、跨地区、跨所有制兼并重组,着力培育一批大型旅游企业集团,鼓励旅游企业整合上市,增强台州旅游业在国内外市场的核心竞争力。

(3)人才保障

成立台州市旅游发展咨询委员会,积极发挥"智库"作用。加强科技兴旅,推进旅游信息化进程,不断提高台州旅游服务质量。强化蓝色旅游专门人才培养与培训。针对蓝色旅游发展的实际需要,深化教育教学改革,优化教学内容,创新教育教学模式,深化校企合作,创新人才培养模式,提高人才培养质量。为蓝色旅游大发展提供人才保障。要从"以人为本、科教兴旅"战略高度看待旅游人才的根本性作用。通过加强海洋旅游学科建设和专业建设,强化蓝色旅游专门人才培养与培训工作。针对蓝色旅游发展的实际需要,深化教育教学改革,优化教学内容,更新教学手段,深化校企合作,创新人才培养模式,提高人才培养质量,为蓝色旅游大发展提供人才保障。要采取建立柔性引进制度,积极争取自力支持,帮助政府科学决策。积极贯彻"人尽其才""事业留人"原则,制定与实施"旅游杰出贡献奖"制度并配套相关政策,推进全市旅游人才队伍建设,造就一批旅游管理经营和服务的杰出人才队伍。

(4)经费保障

创建资源整合与市场融资平台。加强策划旅游重大战略项目,有效推进招商引资工作,吸引和利用区外资金推进台州旅游产业项目开发。同时,对正在建设和即将建设的相关项目,要从优化与拓展区域旅游整体环境完善旅游功能的高度,切实做好相关旅游设计配套与优化,提高现有资金的利用效率。

加大财政对旅游业的支持力度。进一步加大市政府对欠发达地区、重点景区、海洋海岛旅游、红色旅游、乡村旅游等进行基础设施建设的投资支持力度。市县政府要加大对旅游基础设施和旅游公共设施建设的投入。稳定增加市旅游发展资金的年度拨款额度,重点用于全市旅游总体形象宣传、规划编制、人才培训、旅游公共服务体系建设等。市县要相应增加旅游发展资金予以相应的配套。安排市财政促进服务业发展专项资金、扶持中小企业发展专项资金、外贸发展基金以及节能减排专项资金时,对符合条件的旅游企业给予相应的支持。把旅游促进就业的内容纳入就业发展规划和职业培训计划,落实好资金投入的相关扶持政策。

加大金融对旅游业的支持力度。加大对旅游企业和旅游项目的融资授信支持,合理确定贷款期限和贷款利率。符合条件的旅游企业可同等享受中小企业贷款优惠政策。进一步完善与增强旅游企业融资担保等信用体系,加大各类信用担保机构对旅游企业和旅游项目的担保力度。鼓励中小旅游企业和乡村旅游经营户以互助联保方式实现小额融资。积极推动符合条件的旅游企业上市融资。鼓励消费金融公司积极提供旅游消费信贷服务。

五、五大战略平台构筑

(1)世界佛教文化交流平台

以天台山和天台宗佛教文化为依托,举办一年一度"世界佛教文化节"和"世界佛教文化发展论坛",推动国际佛教文化旅游产业发展。

(2)中国海防文化教育平台

以台州海防文化遗产和新建的"中国海防文化博览城"为依托,创建"中国海防文化教育基地",大力发展蓝色旅游,积极推进蓝色文明建设。

(3)游艇游轮度假服务平台

依托台州海洋海岛旅游资源和发达的民营经济文化基础,发挥"东海前门"的地域优势,在全国率先创建"游轮游艇度假服务平台",强化游轮游艇旅游的南北联系和中转服务,大力发展滨海和海岛休闲度假旅游产业,推进台州旅游转型升级。

(4)全国海鲜美食服务平台

依托台州海鲜美食文化和滨海民俗文化,打造全国海鲜美食服务平台,铸造“鲜美台州”品牌,丰富美食与购物体验产品,力争大幅度提升台州旅游的综合效益。

(5)全国汽车文化服务平台

以台州汽车工业旅游示范点、中国汽车文化博览会和新建“中国汽车文化博览城”为依托,积极推进旅游产业融合发展,努力创建全国汽车文化服务平台,全力打造台州汽车工业旅游品牌。

六、六大战略项目创意

(1)一城——中国海防文化博览城

依托一江山岛和大陈岛,发掘整合利用中国大陆首航台湾出发地、江南长城、一江山岛等海防史迹和文天祥、戚继光、郑成功、张煌言、葛云飞等民族英雄等重要的海防文化资源,运用现代旅游技术,创建“中国海防文化博览城”。

(2)两节——世界佛教文化节、中国蓝色旅游节

世界佛教文化节。世界佛教文化发展轨迹是起源于印度,经过中国完善提升而辐射全世界的,而台州天台山国清寺是中国汉化佛教第一宗的发源地,在世界佛教文化发展与演进过程中具有极其重要的历史价值。天台宗佛教,经过鉴真和尚东渡日本传教,对日本乃至东亚佛教文化产生了深远的影响。因此,以天台山为依托举办“世界佛教文化节”,既具有历史文化意义,也具有拓展国际旅游的现实需要。

中国蓝色旅游节。台州蓝色旅游资源极其丰富,又是“中国蓝色旅游城市”建设的发起地,已经发布了《蓝色旅游台州宣言》,因此举办“中国蓝色旅游节”能够有效提升台州旅游形象的同时,更将有力地推动全国蓝色旅游学术交流和产业发展。

(3)三园——世界佛教文化智慧园、中国汽车文化博览园、“福如东海”祈福文化乐园

世界佛教文化智慧园。依托中国佛教第一宗天台宗圣地的国际辐射力,发掘利用济公文化和孙悟空文化,运用信息技术等高新技术手段,创建“世界佛教文化

智慧园”。

中国汽车工业博览园。依托台州汽车产业的特色文化、二手汽车批发市场和吉利等著名企业,创建“中国汽车工业文化博览园”,打造中国工业旅游示范园区。

“福如东海”主题乐园。依托台州绿心地理优势资源和“最具幸福感城市”称号,借势“福如东海”主题文化,发掘利用当地特色文化,创建“鲜美台州”美食文化一条街、“鲜美台州”购物中心以及“鲜美台州”大型实景旅游表演等系列项目,打造“福如东海”主题乐园。

台州蓝色旅游要以体现特色文化内涵的“一城两节三园”为重点,运用旅游综合体的建设理念,强化功能完善和配套建设,优化旅游产业服务体系,切实提升旅游服务质量,创建佛教文化和蓝色旅游的国际品牌,提升旅游刹那也核心竞争力,实现台州旅游的综合效益。

七、七大旅游产品设计

整合台州区域旅游优势资源,重点打造可以融合游览、度假与体验于一体的七大精品系列旅游线路,具体内容如下:

(1)东海前门,鲜美台州——“海鲜文化”体验旅游线;

(2)漫步东海、感受风浪——“东海游轮”豪华旅游线;

(3)佛宗朝圣,仙境休闲——“怡情冶性”养生旅游线;

(4)海洋文化,海岛风情——“福如东海”度假旅游线;

(5)海誓山盟,长城作证——“新天仙配”婚庆旅游线;

(6)曙光台州,激情飞扬——“创新创业”产业旅游线;

(7)居安思危,保卫海疆——“海防文化”科教旅游线。

按照上述主题文化,组织精选旅游内容,形成旅游产品,加强有效营销,拓展旅游市场,推进旅游转型升级,实现台州科学发展。

大力发展浙江避暑旅游经济

不久前,中国气象局国家气候中心发布全国夏季炎热城市情况,杭州排名第三,成了新的“四大火炉”之一。对一个城市而言,谁也不愿意被套上“火炉”称谓,因为这往往意味着城市形象的受损、城市吸引力的下降,特别是影响城市夏季旅游的竞争力。杭州已然无法摆脱“人间天堂”与“火炉”这两个对比鲜明称谓的共存。当下迫切需要考虑的是,如何化压力为动力,变不利为机遇。

鉴此,人文景观旅游享誉海内外的杭州旅游,需要大力发展“避暑旅游”经济。随着人们旅游消费层次向更高阶段发展,由观光旅游向休闲度假旅游转变的时候,夏季“清凉” 气候已成为一种稀缺资源,孕育着巨大的市场商机。大力发展避暑旅游,积极拓展旅游产业和发展避暑经济,有利于提升我省旅游产业核心竞争力的重要手段。因此,科学有效开发和利用浙江的气候旅游资源,大力发展避暑旅游经济,势在必行。具体建议如下:

1. 科学编制规划,塑造“避暑圣地”品牌。虽然已有了《浙江旅游产业总体规划》,但是对避暑旅游专项规划尚存空白。建议尽快启动《浙江避暑旅游发展总体规划》,确立“避暑旅游经济”在浙江旅游业的地位和总体布局,基于各地具体情况做好各市区县的差异性定位,围绕“避暑旅游经济”有分有合,错位发展,整体提升。旅游部门应重视并尽快启动浙江避暑旅游发展规划工作,立足于高起点、宽视角、大手笔,促进避暑旅游经济大发展,推进避暑旅游与浙江省的山水文化、海岛风情形成呼应和良性互动。

2. 整合全省避暑旅游资源,打造浙江“避暑旅游”名牌产品。浙江是江南水乡,又得山海之利,是得天独厚的避暑气候旅游资源之优势,建议大力培育避暑旅游度假区,使之成为夏季避暑消夏休闲度假的胜地,成为具有竞争力的拳头产品。

浙江莫干山、椒江大陈岛、玉环大鹿岛、天台华顶等景区已有了休闲避暑度假的重要基础。避暑旅游城市是浙江全省最短缺的产品。以高山避暑胜地为特色的石梁镇、以海岛风情为特色的大陈岛、大鹿岛、佛教朝拜为主的普陀山、天台山等成为浙江省的名牌避暑景点。建议从"浙江城市经济圈"的高度,借助高速公路、高速铁路这一发展趋势,整合以省会杭州为龙头的浙江省的休闲避暑资源,开发独具一格的"避暑城市旅游产品",发展与繁荣浙江全省的"避暑旅游经济"。

3. 加大宣传促销力度,拓展避暑旅游市场。浙江"避暑圣地"品牌塑造,不仅是旅游部门的事,也是全社会的事、政府各部门的事。为了让更多的游客认识、了解浙、熟悉、喜欢浙江的夏季避暑旅游,建议在现有的旅游网站(政务网、商务网和体验网)增加介绍和研究"避暑圣地"为主要内容的网页(站)、旅游手册和地图,制作与推广避暑旅游宣传册和避暑旅游地图,为游客提供最好的服务和帮助。要让"避暑圣地"品牌,不断深入人心。"避暑圣地"品牌应成为浙江对外形象宣传的又一个基本内容。将浙江作为"避暑圣地"的品牌优势,通过媒体宣传等丰富多样的渗透方式,转化和确定为"清凉浙江",使人们逐步认识到,浙江不仅有杭州西湖,还有避暑旅游,不仅有佛道经济,还有清凉经济。

(《浙江民进信息》2013 年 194 期,浙江省政协采用)

生态旅游创新与发展需要理论保障

生态旅游,关注生态环境质量、注重生物多样性保护、强调旅游过程中开展生态教育和致力于社区共同发展和利益共享。

20 世纪 90 年代起,我国引进西方自然生态旅游理论。长期以来,我们秉承了生态旅游的自然属性,重点发展了一大批自然生态旅游地,并建立了多样化和系列化的“国家公园”,主要包括自然保护区、森林公园、湿地公园、水利风景区、地质公园等。这种多元化和系列化的“国家公园体制”,与我国实施条块管理的政治体制是高度一致的。凡是有部门依托的,比如国家林业局管辖的森林公园、湿地公园发展得就比较好;而没有部门依托的,如“山水城市”的建设与发展就受到制约。

作为一种理论研究,需要“从实践中来,到实践中去”。

然而在多年引进消化、吸收这一理论的过程中,我们就遇到了很多挫折和困难,并凸现出诸如欠缺理论体系支撑、缺乏特色标准引导和缺乏实践运作监管等问题,从而导致生态旅游产业化发展滞后,缺乏足够的美誉度和核心竞争力等现象的发生。而这些皆缘于生态旅游中西方的发展基础背景、旅游目的、旅游对象、旅游途径和旅游功能等方面的差异,以及生态旅游出发点和着力点的不同。西方生态旅游,是以普及生态知识、感受生态美学为主,通过生态高消费实现产业化;我国生态旅游是以增强生态意识、传播生态文明,通过大众化实现产业化。因此,西方生态旅游理论引入中国后,存在一定程度的“水土不服”。

面对这一症结,该如何“对症下药”? 构建符合中国特色的生态旅游理论体系可以说是不二法门。

笔者以为,生态旅游在中国,应该是一种融入生态文化、可持续发展理念和生态产业科技的体验式旅游。生态旅游是符合可持续发展要求的一种旅游生活方式，是旅游系统的生态化。按照生态文明五位一体的要求，实施生态保护、尊重当地文化、开展生态教育、转变生活方式、维护当地居民的利益、促进和谐发展成为生态旅游的本质内涵和内在要求。值得注意的是，维护生态系统自净能力，遵守旅游环境容量或旅游承载力，是生态旅游的题中之意和本质属性。生态旅游应该是坚持可持续发展的旅游，故不存在产品生命周期的问题。

中国特色生态旅游理论体系框架的构建，应是基于自然生态系统——产业生态系统——文化生态系统——城市生态系统，并结合所承担的推进生态文明、建设美丽中国的历史担当而建立起来的。具体而言，中国特色生态旅游理论体系建立的框架应由自然生态旅游、文化生态旅游、产业生态旅游和城市生态旅游等部分组成。

自然生态系统是区域可持续发展的生命支持系统，正确处理好生态保育与旅游发展之间的关系至关重要。自然生态旅游，作为我国生态旅游理论与实践的重要基础组成部分，它的创新与发展，必须突破国家公园体制的难题。

养生旅游是中国生态旅游的重要特色所在，它既是生态旅游和休闲旅游的创新与发展，也是中国旅游服务与辐射世界的重要载体。要积极探索中国国际养生旅游示范区的第三方认证，确保标准的公正性、权威性与国际性，促进中国养生旅游国际化。

无论是创新生态旅游方式，还是推进生态文明建设，都需要有相应的支撑系统作为保障。因此，必须注重生态旅游发展动力机制建设，要坚持“内生发展、社区受益”，防止招商引资“只求所在、不求所有”割裂社区的悖论。要坚持生态旅游的健康发展方向，促进生态旅游本土化与国际化的融合，大力发展国际养生旅游。要进一步优化生态旅游发展路径，坚持推进生态养生化、标准国际化、产品精细化与信息智慧化。不断完善生态旅游安全保障，积极探索生态旅游的体制保障，加快推进国家公园、养生旅游、文化总部及山水城市的大部制协同管理。要强化生态旅游的组织保障，积极推进包括国家公园体制在内的全面深化改革。

实际上，自 2009 年以来，我国生态旅游创新与发展就面临着重大的发展机遇。国务院出台了《关于加快旅游业发展的意见》，明确提出要把旅游业培育成为国民经济支柱产业和人民群众更加满意的现代服务业，并强调要大力推进产业旅游融合发展。特别是十八大以来，生态旅游得到空前重视。生态旅游，写入国家“十二五”规划和党的十八大报告，正式进入国家战略层面，标志着中国生态旅游进入一个新的发展阶段。

目前,我国特色生态旅游理论研究在养生旅游理论、文化总部理论和山水城市理论等方面取得的一些标志性成果,主要体现在产业生态旅游、文化生态旅游和城市生态旅游三个方面。在产业生态旅游方面,2009 年武义·中国第五届生态旅游发展论坛上,发布《武义宣言》,提出产业生态旅游概念,强调生态产业与生态旅游的融合发展。在此基础上,2009 年武义·中国国际养生旅游高峰论坛,发布《养生旅游武义宣言》,正式提出养生旅游概念,认为养生旅游是融合天人合一文化,依托养生文化与养生产业,采用生态旅游方式的一种体验旅游;在文化生态旅游方面,今年结合浙江景宁《全国畲族文化总部规划》项目,我们提出了"文化生态旅游"的概念和文化总部理论,认为文化总部是文化生态系统的顶级群落,其建设必须构建文化与产业双轮驱动发展机制,实现文化优势集聚力、文化传承创新力、文化产业生产力及文化传播辐射力"四力协同";在城市生态旅游方面,通过结合新型城镇化的要求,提出了"城镇生态旅游"概念和山水城市理论,强调山水生态明秀美、产业功能活力美、空间布局精致美、特色文化灿烂美、人居生活和乐美的"五美融合"。

这些理论探索与实践成果,对构建中国特色生态旅游理论体系框架起到了一定基础和关键支撑作用。我们坚信,中国特色生态旅游理论体系的探索与研究工作,必将促进生态旅游的创新与发展,对生态文明和美丽中国建设发挥越来越重要的作用。

金华琐园古村落开发与国际化战略

近年来,金华市政府将琐园村定位“国际研学村”进行了全方位的建设与配套。众多的国外名校学子陆续走进金华古村落,无数次的心灵碰撞,激发出系列化的研学成果,以琐园村为代表的金华古村落的风采迅速名扬海内外,金华古村落把中国故事传播到了全世界。

在看到显著成绩的同时,我们也必须关注存在的几个突出问题:一是文化特色主题的缺失;二是战略定位模糊;三是旅游产品不足;四是盈利模式缺失;五是品牌不够响亮。这些问题,已经严重影响到金华古村落的科学发展、持续发展和共享发展,值得高度重视和深入研究。

针对这些问题,我们认真考察了金华琐园等系列古村落,试提出了以下三大对策建议。

1. 突出主题特色,明确战略定位

金华积极贯彻“两山理论”,按照“美丽中国”和“两美浙江”的要求,打造“锦绣金华”。依托金华古村落资源优势,致力于谋求“留住乡愁”推进“中国文化走出去”的古村落文化体验及国际旅游产品开发,为推进旅游全域化和旅游富民战略寻找新的增长点和突破口,具有重大意义。

金华市琐园村,村形似锁而得名。这里不仅有丰厚的严氏宗族文化,最值得关注的是该村的鲁兵(严光化)是著名儿童文学家。儿童文学是具有国际共通性的艺术语言。我们认为,琐园村可以国际儿童文学作为主题特色,并将琐园村打造成国际留学生儿童文学创作与文化体验基地作为战略目标。

2. 整合优势资源,优化旅游产品

鲁兵(严光化),金华琐园村人,首届韬奋奖获得者,1946 年开始发表作品,既是编辑又是儿童文学作家。他是中国作家协会会员、中国作家协会上海分会理事,中国散文诗协会会员,上海诗词学会理事、中国出版工作者协会幼儿读物研究会会长。曾任少年儿童出版社编审。鲁兵编辑过《中国儿童时报》《童话连篇》《小朋友》《365夜》(故事)、《365夜儿歌》《365夜谜语》等儿童读物。他还写了不少优秀作品。如《唱的是山歌》(获全国第二次儿童文学评奖一等奖)、《老虎外婆》(获全国儿童读物优秀奖)、《小猪奴尼》(获儿童文学园丁奖的优秀作品奖)。他还节编了古典文学作品《水浒》《西游记》《说岳全传》改写了《小西游记》《包公赶驴》等。

依托鲁兵的作品,进一步整合《小蝌蚪找妈妈》《闪闪的红星》等国内优秀作品以及《白雪公主》等国际知名作品,在琐园村进行展示和体验旅游产品开发。我们可以利用闲置的古建筑和村庄周边景观,打造一个儿童文学旅游体验的国际化开心乐园。技术手法上,我们可以采用墙画、壁画、动漫视频和实物体验相结合,给人身临其境,流连忘返的深度体验。

"儿童文学,就是教育儿童的文学"这是鲁兵的理念,也是我们坚持文化灵魂弘扬正能量的目标导向,更是我们坚持"寓教于乐"古村落开发的制胜法宝。

3. 创新发展模式,铸造国际品牌

琐园村要着力铸造"国际留学生创作基地"和国际化"儿童文学体验基地"的品牌。为此,需要政府努力做三件事:

一是着力构筑高端平台。该村落主题定位是儿童文学国际研学村。我们金华市人民政府必须与全国文联或全国作协等权威组织,联合举办"国际儿童文学大奖赛"平台,设置"鲁兵儿童文学奖"。只有这样的高端平台,才能实现儿童文学创作的优势资源在金华琐园村高度集聚,也才能对众多来华的国际留学生产生巨大的吸引力,才能激发他们参与比赛的巨大热情。

二是努力延伸产业链。旅游富民的前提,是谋求旅游产业的关联度与融合度的提升,贯彻"旅游全域化"理念,延伸旅游产业链成为必由之路。因此,我们必须花大力气开发包括儿童文学旅游纪念品、儿童文学体验微电影以及国际儿童文学大奖赛奖品等在内的系列化高端旅游纪念品。充分利用中国特有的养生文化开发系列化的养生美食和养生农家乐。还需要对著名儿童文学作品进行旅游演艺深度开发和展演。只有这样,才能实现琐园村古村落国际旅游开发的综合效益,也才能真正让老百姓得实惠。

三是争取品牌国际化。在“琐园国际儿童文学村”基础上，将金华重要的古村落按照序列化主题进行战略策划和系统设计，组建一个体现“中国文化走出去”具有国际化影响力的古村落集群。我们还要主导制定一个国际化标准《国际儿童文学旅游示范区标准》。等条件成熟的时候，我们再通过联合国教科文组织的认定，正式成为国际儿童文学旅游示范区，真正实现让中国文化走出去。

优化海港铁路交通网络大力推进国家东部生态文明旅游区建设

一、浙皖闽赣国家东部生态文明旅游区意义重大

浙皖闽赣四省自古以来山水相依、地缘相近、人缘相亲，裙带联系紧密。创建浙皖闽赣国家东部生态文明旅游区，是贯彻习总书记‘绿水青山就是金山银山’理论，落实国家战略的重大举措。

国家东部生态文明旅游区涉及皖浙赣闽四省 19 个市 123 个区县，面积约 23.3 万平方公里，总人口 4280.7 万人。设立国家东部生态文明旅游区是构建国家旅游发展大格局的重大举措。根据四省编制的创建总体方案，国家东部生态文明旅游区将以生态保护为核心，以绿色发展为路径，以“旅游 + ”生态产业为引导，通过理论创新、制度创新、科技创新、文化创新、管理创新，以旅游产业统筹引领生态文明建设，建成综合改革实验区和山海融合生态旅游示范区，实现省际区域在生态资源保护、生态旅游开发、旅游精准富民、社区活力复兴等领域协同发展。

总体发展布局：“一圈三片五组十线”。“一圈”：指由杭新景、千黄等高速公路围合的区域，是示范区的生态保护核心区。“三片”：指以“天柱山—九华山—黄山—淳安”为核心的北片，以“上饶—衢州”为核心的中片、以“武夷山—泰宁—丽水”为核心的南片。“五组”：指在浙皖、浙闽、浙赣、皖赣和闽赣 5 条边界上，重点谋划打造 5 大跨省界组团。一是浙皖边界“黄山—千岛湖组团”，建设世界一流的山水生态旅游区。二是皖赣边界“古徽州文化生态旅游圈组团”，建设国际徽派乡村旅游目的地。三是浙赣边界“三清山—江郎山组团”，建设以道教文化与山地运动为特色的休闲旅游区。四是闽赣边界“武夷山—泰宁—龙虎山组团”，建设我国

第一个国家公园,成为科普旅游、研学旅游发展示范区。五是浙闽边界"太姥山—白水洋·鸳鸯溪—千峡湖组团",建设成为我国东部规模最大的生态养生度假集群。"十线"是10条黄金旅游线,是生态文明旅游区主要旅游产品。

二、港口铁路交通网对国家东部生态文明旅游区建设至关重要

纵观人类历史,交通运输作为区位影响因素始终与区域经济空间结构紧密相连,成为区域经济发展和空间扩展的主要力量之一。陆大道院士提出的"点一轴系统"理论认为,生产力地域组织的开发模式是"点一轴渐进式扩散",指在一定区域范围内,首先选择具有良好发展条件及前景的以交通干线为主的线状基础设施束作为一定区域的主要发展轴线,重点优先开发该轴线及沿线地带内若干高等级优区位点或点域(城市及城市区域等)及周围地区。随着该发展轴及其附近发展轴经济中心实力不断增强,辐射及吸引范围不断扩展,干线会逐渐扩展自己的支线,支线又形成次级轴线和发展中心进一步扩展,促进次级区域或点域的发展,最终形成由不同等级的发展轴及其发展中心组成的具有一定层次结构的点一轴系统,从而带动整个区域发展。

我国的大连港、连云港、上海港和宁波港,都是因为港路网络系统配套比较完善,才有效地带动了广大腹地区域的经济社会发展。特别是连云港因为陇海线的配套,其意义特别重大。

三、港路不配套,造成海港优势被屏蔽及综合效益得不到发挥

我们认为,理想港口-铁路网络模式应该是一港多路的放射状交通网,港口腹地广阔,带动作用就打很大。如果"一路多港"模式,则同一路上的港口效应将"优势被屏蔽"。当前四省合建的国家东部生态文明旅游区的港口-铁路网络系统,恰恰存在这样的突出问题。

一是浙江沿海的海港铁路不配套,辐射效应难以发挥;特别是台州港和温州港,目前只有沿海大通道,缺乏足够的纵向铁路和广阔腹地。浙江沿海系列港口只有一条沿海铁路串联,海港"优势被屏蔽"问题非常突出,台州和温州的一系列港口功能潜力得不到有效发挥。

二是国家东部生态文明旅游区的重要节点城市到浙江沿海的连通性严重受限(因为只有一条浙赣线)。赣州、南平及梧州等城市的大宗物质则需要绕道鹰

潭、上饶、金华铁路才能运送至沿海。沿海游客要深入东部生态文明旅游区腹地也必须绕行,这就严重影响区域经济和旅游业的大发展。

四、增建两条铁路线意义重大、刻不容缓

针对上述问题,我们提出建议:十三五期间,宜尽快增建两条高速铁路:一是台(州)丽(水)赣(州)高铁;二是温(州)南(屏)高铁。增建这两条铁路的意义和作用主要体现在以下几个方面:

一是贯通山海协作,有效破解南平和赣州等地及其沿线地区的出海口问题,既有效提高这些地区的经济外向度,更方便了游客的出入。

二是助推实现国家东部生态旅游区的发展战略目标:到2020年,年接待游客8亿人次,人均停留天数达到3天以上,旅游总收入达8000亿元,旅游业增加值占GDP比重达10%以上,农村居民人均可支配收入达1.8万元,城市化率达60%。助推国家东部生态文明旅游区的建设,早日实现世界生态文明旅游区。

三是这两条高铁线路,不仅使浙江台州和温州港口因为港路网络系统完善,辐射带动功能得到充分发挥,进一步推动山海协作,而且更重要的是使得国家东部生态文明旅游区内部铁路网络得到有效贯通,促进区域协同创新的整体效率最大化。

第五篇 05

会展产业创新与国际化

建议举办"杭州·国际运河文化博览会"

继西溪湿地成为国家5A景区以及杭州西湖成功申报世界遗产之后，杭州运河旅游创新与发展必将成为下一个阶段亟待突破的重点。不失时机地申报"运河世界文化遗产"，致力于打造"杭州西湖、西溪湿地、杭州运河"三位一体的旅游大格局，旅游聚人气、文化创品牌、休闲促消费、商贸增效益，加快提升杭州乃至整个浙江旅游国际竞争力，这是杭州乃至整个浙江新时期迈向旅游国际化新台阶的重大战略选择。

一、举办"杭州·国际运河文化博览会"是一项重要的战略决策。从京杭大运河整体上看，杭州的文化与资源优势远不如扬州、郑州等城市。局限于在中国大运河（包括郑国渠、红旗渠）的大背景下，杭州运河缺乏足够的文化品牌号召力，也难以获得根本性重大的创意突破。借助运河申遗之机，举办"杭州·国际运河文化博览会"，能够提升杭州文化影响力。从国际会展旅游服务产业来看，杭州具有无可比拟的产业优势基础。杭州是中国最佳国际旅游城市，国际会展产业十分发达，比如西湖博览会、国际休闲博览会和国际烟花大会等等，这是中国其他城市望尘莫及的。因此，杭州举办"国际运河文化博览会"，不仅是杭州国际会展旅游的创新与发展，更是激活杭州运河文化产业优势的重大战略选择。

二、"杭州·国际运河文化博览会"可推动杭州国际旅游城市转型升级。"国际运河文化博览会"可为杭州旅游带来巨大的辐射效应，不仅能够加快杭州北部旅游产业发展，促进三位一体国际旅游大格局的形成，更重要的是促进旅游与区域文化产业的融合发展、科学发展与跨越发展。结合体验经济发展的新趋势，大力发展养生旅游等体验产品，敢为人先，打造中国第一个"国际自游人实验示范区"，推动杭州旅游产业由服务经济型向体验经济型转变，实现转型升级。

三、举办“杭州·国际运河文化博览会”,可在国际层面提升杭州乃至浙江国际竞争力。举办“国际运河文化博览会”,可以在国际化平台上,将京杭大运河、美洲巴拿马运河与非洲苏伊士运河等国际知名的运河文化整合起来,形成杭州独具特色运河文化展示的创新平台。该平台是一个重大的创新工程,能够更有效地提升杭州乃至浙江国际竞争力。首先,“国际运河文化博览会”可推进重大创意策划系列项目运作。“国际运河文化博览会”大有可为,其主要项目内容策划可以包括:国际伞业博览会、国际运河艺术品博览会、运河宴舞·美食文化节以及国际运河科技文化高峰论坛等,真正做到旅游聚人气、文化创品牌、休闲促消费、商贸增效益,加快提升旅游国际竞争力。其次,“国际运河文化博览会”可全面推进杭州北部旅游产业大发展大繁荣。通过“国际运河文化博览会”系列项目运作,可以带动杭州“运河灯光秀”“运河养生美食”“杭州工业旅游”“古城文化体验”以及“杭州养生旅游”等系列项目开发,形成区域功能优化的整体效益,促进“国际自游人实验示范区”的品牌打造。

综上所述,我们建议省里有关部门会同杭州市政府一起,抢抓机遇,尽早举办“杭州·国际运河文化博览会”。

(《浙江民进信息》2012 年 163 期)

关于举办“杭州·中国生态文明博览会”的建议

对资源约束趋紧、环境污染严重、生态系统退化为特征的工业文明严峻形势，党的十八大提出建设生态文明，明确要求必须树立尊重自然、顺应自然、保护自然的生态文明理念，把生态文明建设放在突出地位，融入经济建设、政治建设、文化建设、社会建设各方面和全过程，努力建设美丽中国，实现中华民族永续发展。这是关系人民福祉、关乎民族未来的长远大计。生态文明，重在践行。建议省政府、杭州市政府磋商联动，共同举办“杭州·中国生态文明博览会”，相信大有可为。

首先，举办生态文明博览会是贯彻科学发展、建设美丽中国的需要。贯彻科学发展，践行生态文明，建设美丽中国，必须示范引导、典型带动。从党的十六大提出科学发展观，至今已经有十个年头，我国生态省、生态市县建设已经取得显著成效，从全国范围来看，建设生态文明已经取得了一大批具有标志性的成果。这些成果需要通过博览会的方式，向公众进行展示和传播，为全国类似地区贯彻科学发展、建设美丽中国提供有益的借鉴，可以有效节约探索过程的社会成本。

其次，举办生态文明博览会是提升生态浙江、推动转型升级的需要。习近平同志早在担任浙江省委书记的时候，就明确提出创建“浙江生态省”、打造“生态浙江”的目标。在各级党委和政府的努力下，近年来浙江省贯彻科学发展、践行生态文明一直走在全国前列。但是作为经济比较发达的省份，面临提升生态浙江、推动转型升级的任务也非常艰巨和繁重。创办生态文明博览会，有利于生态浙江在扩大服务辐射能力的同时，借鉴和学习全国生态文明优秀成果，谋求科学发展新优势、实现生态文明新跨越。

第三，生态文明博览会是展示发展成就、拓展省会杭州品牌的需要。杭州正在着力建设生态文明城市、打造生活品质之城。杭州是中国最佳旅游城市，也是重要的国际会展城市。举办“杭州·中国生态文明博览会”，是推进生态文明、建设美丽杭州的必然选择，更是杭州抢抓战略机遇、整合优势资源、拓展会展旅游，提升杭州国际竞争力的重大战略举措。

办好“杭州·中国生态文明博览会”，具体建议如下：

一是利用好一个契机：2012 年 12 月 2 日，在“中国生态文明研究与促进会第二届（珠海）年会”的闭幕式上，徐文光副市长代表杭州市接过“中国生态文明研究与促进会年会”的旗帜，正式确定“中国生态文明研究与促进会第三届年会”将于 2013 年在杭州隆重召开。这是十八大开局之年的一个生态文明盛会，也是浙江省杭州市贯彻科学发展与践行生态文明难得的历史机遇。

二是谋划好一个方案：要尽快决策并落实责任部门，组织有关专家编制和论证《2013 杭州·中国生态文明博览会策划方案》，全面启动生态文明博览会的各项筹备工作。

三是整合好优势资源：将浙江乃至全国的科学发展优势、动漫创意产业优势和国际会展产业优势等优势资源整合起来，高起点做大做亮“中国生态文明博览会”，使之成为生态文明建设成果汇聚与交流的重要平台，成为杭州又一个国际化与特色化的重要品牌。

四是拓展好会展旅游：按照博览园的模式，将“中国生态文明博览会”作为重要的生态旅游示范区来进行策划与规划，将生态产业、循环经济与可持续发展技术应用和和谐社会建设成果作为重要内容，使之成为生态旅游与会展旅游创新与发展的一个新的典范。

（《浙江民进信息》2012 年 214 期）

“城市国际化”背景下杭州国际会展业及品牌创新研究

一、杭州会展业的基础与优势

杭州是我国会展业发祥地之一。早在1929年，为“争促物产之改良，谋实业之发达”，杭州举办了历时137天的首届西湖博览会，首开中国现代博览会先河，与历史上著名的1983年“芝加哥博览会”、1900年“巴黎博览会”和1927年“费城博览会”并称为国际性庆典。西博会是杭州会展业发展的孵化器，孕育了西湖金融峰会、杭州名茶博会等著名会议。可以说，杭州会展业的迅速崛起离不开西博会这个大舞台。中国国际丝绸博览会暨中国国际女装展览会、第七届中国浙江商务服务交易博览会以及第十七届浙江汽车后市场博览会暨中国（杭州）国际汽车用品展等一系列大型会展活动日程已经排定。2017年，更有中国杭州国际汽车博览会、华夏家博会、浙江基层医疗器械装备博览会等大型专业性展会将在此召开。

数据显示，“十二五”期间，杭州会展业总体呈现稳步增势，会展经济效益不断凸显。2015年，杭州全市共举办各类展览297个，比2010年增加141个，场馆面积由2010年的167.97万平方米增加至2015年的265.4万平方米。根据国际会议大会协会（ICCA）最新发布的2015年度会议目的地的排行榜，中国杭州仅次于北京与上海，已经成为全球100强国际会议目的地城市。杭州G20是杭州会展史上的重大事件，对杭州会展业国际化具有巨大的推进作用。G20杭州峰会主场馆——杭州国际博览中心，这座建筑面积达85万平方米的场馆，将移交给专业机构运营，成为杭州会展场馆的新地标，并将为杭州会展行业的发展发挥重要作用。后G20时代，杭州的会展业在当前呈现了国际化程度明显提高、市场化程度大幅提升、专业化程度显著提高等三大特点。G20杭州峰会的成功举办，为杭州重振杭州国际会展城市雄风，提升杭州城市国际化水平，打造国际会展城市，提供了难得的历史性机遇。G20峰会让杭州重新认识国际会展业，全面锻炼与提升了杭州国际会展业的管理运营与服务系统。杭州发展国际会展业的信心明显增强，接待能力达到新的国际化水准，有机会在国际会展业方面向国内一线城市实现跨越发展。

二、杭州会展业面临的机遇与挑战

在国际竞争的大背景下，杭州距离国际会展城市还存在不小差距，还面临诸多挑战。目前，杭州会展业面临的主要问题是：高层次国际化会展经营管理人才奇缺；国际商业展会品牌项目严重不足；主题会展国际化品牌缺失；杭州会展与区域产业旅游关联度不够高；会展业综合效益亟待提升等突出问题。特别是国际会展业由“政府主导型”向“市场主体型”转型、会展项目专业化程度亟待提高。

G20后杭州怎么办？杭州国际会展业发展战略机遇凸显。国务院公布《关于进一步促进展览业改革发展的若干意见》（国发［2015］15号文）及浙江省人民政府办公厅《关于进一步促进展览业发展的实施意见》（浙政办发〔2015〕131号文）。2016年7月11日，杭州市委十一届十一次全体会议审议通过《中共杭州市委关于全面提升杭州城市国际化水平的若干意见》，明确了杭州推进国际化的阶段性目标，提出将杭州打造成国际会议目的地城市。杭州正在致力于集思广益、精心编制《杭州会展业十三五规划》。

作为举办市，杭州应以成功举办G20峰会为契机，全面提升杭州城市国际化水平，努力把杭州建设成为“独特韵味、别样精彩”的世界名城。杭州应围绕创新活力之城的目标，以打造具有全球影响力的“互联网+”创新创业中心为重点，高水平规划建设杭州城西科创大走廊、城东智造大走廊；把滨江建设成为世界一流高科技园区、临江高新区建设成为一流制造中心；构建国际前沿和高端产业集群，形成万亿级信息产业集群，打造全球领先的信息经济科创中心；在重点领域突破掌握一批具有自主核心知识产权的重大共性和关键技术，抢占国际标准制定话语权。为此，杭州国际会展业发展，就需要围绕上述目标，聚合优势、创新产业、铸造品牌。

三、杭州会展业发展规划指导思想与原则

进一步明确振兴杭州会展业的指导思想。“干在实处永无止境，走在前列要谋新篇”。杭州会展业要敢为人先、勇于担当。要深入贯彻国家战略，积极响应一带一路，努力拓展文化输出。坚持科学发展、持续发展与和谐发展，大力推进生态文明“五位一体”。强化创新驱动，加快提升杭州国际会展核心竞争能力。杭州国际会展城市，要走特色发展之路，丰富与拓展“浙江经验”。

会展业发展规划，杭州必须坚持四项原则：

一是战略引领、深化改革、创造优势。战略决定命运，细节决定成败。杭州会展业要进一步明确思路并围绕战略目标，深化供给侧改革，创造制度新优势。

二是目标导向、多规合一、协同推进。杭州国际会展业要坚持多目标优选统筹，多规合一，实施协同推进，谋求整体最优。要不断强化杭州国际会展业与长三角区域战略、浙江主导产业以及旅游业的关联度，实现效益最大化。

三是人才支撑、创新驱动、构筑高地。人才是兴业的根本。国际会展业需要大批专业人才支撑。杭州需要进一步深化创新驱动，着力构筑复合应用型会展人才培养示范高地。

四是精致服务、提升品质、铸造品牌。要通过市场化机制、精细化服务提升会展业品质，铸造杭州国际会展城市和国际会展项目品牌。

四、杭州会展业的战略目标与任务

杭州会展要与杭州城市发展战略目标相协同。我们认为，杭州城市发展战略定位是国际会展旅游城市，世界智云创业天堂，东方养生旅游胜地。杭州会展业发展规划要注重多目标协同、切实践行“多规合一”，强化统筹协调。要努力将杭州建设成为“具有国际知名度的会议目的地、具有重大影响力的会展中心城市、具有鲜明地方特色的节庆之都、具有强大吸引力的会展培训基地、具有示范效应的会展标准化基地”。我们认为，杭州会展业“十三五”期间的主要任务是实施系统工程，系统推进杭州国际会展城市建设与发展。

一是编制与实施杭州国际会展发展战略规划。要在深入研判国际国内会展业发展趋势，科学制定杭州会展业发展战略规划，强优势补短板。提升国际会展竞争能力。要深入贯彻国家战略，积极响应“一带一路”，努力拓展文化输出。要

充分发挥杭州 G20 的国际影响力和美誉度，尽快构建与完善杭州国际会展产业体系，致力于提升杭州会展业的国际竞争能力。杭州要主动出击、要敢于并善于参与国际会展业竞争。进一步明确杭州国际会展城市发展战略目标定位，要注重强化杭州会展业国际高端平台的策划、打造与支撑，不失时机抢占国际化战略制高点。要进一步明确系统化的战略目标和战略措施，致力于国际会展产业链、生态链和价值链的延伸与提升。要加强会展业与旅游及杭州相关产业的关联度，千方百计提高会展业的乘数效应与综合效益。

二是大力推进国际会展机制体制协同与制度创新工程。坚持全面深化改革，要加强国际会展制度的研究与设计，根据中国国情和杭州实际，创造杭州会展业制度新优势，用制度确保会展业实现由“政府主导型”向“市场主体型”的根本转变，促进会展产业健康持续发展。国际会展产业不仅仅涵盖会展场馆、会展策划设计运营公司、参展商及客户游客等内容，还涉及外事、国际贸易、电子商务、旅游以及相关产业等多部门、多产业的融合复合，是一个复杂的系统工程。杭州国际会展体制与运营机制，需要协同创新。因此，管理体制方面，杭州需要在西博会机构基础上整合旅游、商务等部门，组建具有更强协同能力的政府职能机构，强化政府引导监督与管理职能；强化社会组织和中介机构的行业服务职能；运营机制方面，要尽快形成企业主体的市场机制，充分激发与调动会展企业的积极性和创造性，推进杭州会展业转型升级。国际优化政策供给。政府要通过战略引领和政策扶持，包括配套出台“互联网 + 会展 + 旅游”的系列扶持政策。杭州要为国际会展业发展创造良好的市场化政策环境，促进会展业由“政府主导型”尽快向“市场主体型”转变[5]。借鉴杭州电子商务产业发展的成功经验，在适当引进外地会展公司的同时，要千方百计地培养杭州自己的大型国际会展公司。要大力扶持国际会展产学研合作平台与协同创新中心建设。

三是有效推进国际会展市场营销与国际形象提升工程。依托浙江外国语学院等单位多语种的外语人才优势，积极深化杭州国际会展业的“国别营销”研究，创新设计更多适销对路的会展项目产品，大力拓展国际会展市场，吸引更多的参展商来杭州参展。大力拓展国际会展旅游，不断延伸会展旅游产业链。要深入研究并优化杭州会展业的标识设计与解说系统，利用包括微营销在内的一切传播资源，弘扬杭州的正能量，讲好国际会展业的杭州故事，提升和优化杭州国际形象。

四是着力构筑国际高端服务平台工程。发挥好杭州跨境电商的技术优势和制度优势,促进杭州国际会展业高端服务平台的创新设计与功能优化。发挥好国际会展高端(智能化)服务平台的核心作用,配套建设好销售渠道,杭州国际会展业就“如虎添翼”,实现跨越发展。国际会展企业培育工程。要将大型国际化本土会展企业的培育工作,纳入会展业发展的战略重点。从某种意义上说,杭州会展城市的战略目标是否实现,就看杭州国际化本土会展集团公司发展的状况和实力。我们认为,浙商有这个潜力和能力。国际会展标准创建工程。我们杭州会展业要勇于担当“文化输出”的历史使命。杭州要成为国际会展城市,就必须积极创建国际会展业的相关标准。注重依靠标准化管理和服务,提升会展服务品质。

五是实施杭州国际会展人才高地工程。发展国际会展业,需要大量的、多层次的复合应用型国际化会展专业人才。国际会展人才光靠“引进”是远远不够的,我们必须坚持“走出去与请进来相结合”。大力扶持产学研合作和人才培养模式创新,积极创建国际会展人才高地,加快培养我们杭州国际会展业适用人才。创建国际会展业杭州模式与杭州经验,依托会展人才培训基地向中西部地区实施会展培训,带动与辐射全国会展业发展。

五、积极拓展战略性国际会展项目

国际会展系列项目工程。在现有“西博会”等重大会展基础上,杭州要致力于抢占国际战略制高点,要与北京、上海等城市实施错位发展。我们认为“十三五”期间,杭州需要重点拓展以下十大战略性国际会展项目。

(一)国际生态文明博览会。杭州要不失时机打造生态文明国际高端服务平台。浙江是“两山理论”发源地,要利用博览会的形式,促进生态产业技术交流和转化,推动生态经济繁荣,推进美丽中国建设;同时推进中国文化“走出去”,让生态文明走向世界。

(二)国际运河文化产业博览会。依托世界遗产京杭大运河(杭州段),举办国际运河文化产业博览会,推动世界运河文化交流与产业发展,意义十分重大。

(三)国际茶文化博览会。中国杭州是中国茶都、世界茶都。杭州举办国际茶文化博览会,要着力推进养生茶餐饮、养生茶馆、养生茶庄园等新兴业态发展,提升中国茶产业的国际竞争力,促进中国茶文化走向世界,具有重大战略意义。

(四)国际路桥产业技术博览会。随着中国高铁事业的突飞猛进,中国路桥产业技术在世界上首屈一指。杭州抢占先机举办国际路桥产业技术博览会，对推进“一带一路”倡议和亚投行的基础设施建设，意义重大。

（五）国际电商物流产业博览会。遵循创业生态规律发展起来的阿里巴巴总部与世界电商物流圣地——杭州，已经成为世界智慧产业的创业天堂。依托“云栖大会”，抢占战略制高点，举办国际电商物流博览会暨世界创新创业教育大会，具有重要而深远的影响。

（六）国际人工智能暨自动控制博览会。杭州依托浙江大学等科研机构及中控科技等上市公司，抢占先机举办国际人工智能暨自动控制博览会，有利于打造国际高端服务平台，对于促进技术交流和技术转化具有重大战略意义。

（七）国际中医药养生旅游产业博览会。不失时机抢占中医药养生旅游战略制高点，为东方养生胜地提供战略支撑。杭州依托胡庆余堂、张同泰等著名国字号以及桐庐中药养生文化节，抢占先机举办国际中医药养生旅游产业博览会，对于促进大健康产业，建设健康中国意义特别重大。

（八）杭州国际音乐节。杭州依托中国音乐学院、艺创小镇和国际音乐城（暂名），举办杭州国际音乐节暨国际音乐文化博览会。促进中国与西方音乐文化交流，“洋为中用”丰富杭州文化创意体验产品，推进杭州会展与文化旅游发展，意义重大。

（九）国际东方影视文化产业博览会。借鉴戛纳电影节的成功经验，我们杭州要抢占战略制高点，举办国际东方电影节暨东方影视文化产业博览会。制定体现东方中华文化核心价值的影视作品质量标准。通过输出标准，提升中国影视产业的国际核心竞争力和文化软实力。

（十）中国国际教育（实验）用品产业博览会等。浙江是“古今第一完人”王阳明的故里，也是汉化佛教第一宗天台宗发源地，有衢州南孔庙等历史文化教育资源。浙江教育（实验）用品产业占全国70%以上。杭州举办中国国际教育（实验）产业博览会，有利于构筑教育技术创新服务的高端平台，有利于促进我国教育（实验）用品产业创新发展与国际化提升。

小　结

后G20时代的杭州国际会展业面临千载难逢的发展战略机遇期。机不可失，时不再来。我们认为，杭州国际会展城市建设与国际会展业发展要进一步明确指导思想,坚持规划发展四大原则。要精准确立杭州国际会展城市发展战略及目标。要切实做好供给侧改革,构建与完善国际会展管理体系、产业体系和中介服务体系。要千方百计抢占国际会展业战略制高点,注重打造国际会展高端服务平台,坚定不移地推进战略性国际会展项目。我们坚信,杭州国际会展城市的宏伟目标一定能够实现。

抓住机遇，将省会杭州打造成优秀的国际会展城市

浙江省会杭州，是我国会展业的发祥地之一。早在1929年，杭州为“争促物产之改良，谋实业之发达”，举办了历时137天的首届西湖博览会，首开中国现代博览会先河，与历史上著名的1983年“芝加哥博览会”、1900年“巴黎博览会”和1927年“费城博览会”并称为国际性庆典。数据显示，“十二五”期间，杭州会展业总体呈现稳步增势，会展经济效益不断凸显。2015年，杭州全市共举办各类展览297个，比2010年增加141个，场馆面积由2010年的167.97万平方米增加至2015年的265.4万平方米。根据国际会议大会协会（ICCA）最新发布的2015年度会议目的地的排行榜，中国杭州仅次于北京与上海，已经成为全球100强国际会议目的地城市。2016年9月，G20杭州峰会召开，主场馆——杭州国际博览中心，这座建筑面积达85万平方米的场馆，将移交给专业机构运营，成为杭州会展场馆的新地标。

后G20时代，杭州国际会展业发展战略机遇凸显。但在国际竞争的大背景下，杭州距离国际会展城市还存在不小差距，还面临诸多挑战。目前，杭州会展业面临的主要问题是：高层次国际化会展经营管理人才奇缺；国际商业展会品牌项目严重不足；主题会展国际化品牌缺失；杭州会展与区域产业旅游关联度不够高；会展业综合效益亟待提升等突出问题。特别是展会业由“政府主导型”向“市场主体型”转型、会展项目专业化程度亟待提高重大挑战。

我们建议，将省会杭州建设成为“具有国际知名度的会议目的地、具有重大影响力的会展中心城市、具有鲜明地方特色的节庆之都、具有强大吸引力的会展培训基地、具有示范效应的会展标准化基地”。

一是编制与实施杭州国际会展发展战略规划。进一步明确杭州国际会展城市发展战略目标定位,注重强化杭州会展业国际高端平台的策划、打造与支撑,不失时机抢占国际化战略制高点。充分发挥杭州G20的国际影响力和美誉度,尽快构建与完善杭州国际会展产业体系,致力于提升杭州会展业的国际竞争能力。

二是大力推进国际会展机制体制协同与制度创新工程。用制度确保会展业实现由"政府主导型"向"市场主体型"的根本转变,促进会展产业健康持续发展。管理体制方面,在西博会机构基础上需要整合旅游、商务等部门,组建具有更强协同能力的政府职能机构,强化政府引导监督与管理职能;强化社会组织和中介机构的行业服务职能。运营机制方面,尽快形成企业主体的市场机制,充分激发与调动会展企业的积极性和创造性,推进会展业转型升级。政府应通过战略引领和政策扶持,包括配套出台"互联网+会展+旅游"的系列扶持政策。

三是有效推进国际会展市场营销与国际形象提升工程。积极深化杭州国际会展业的"国别营销"研究,创新设计更多适销对路的会展项目产品,大力拓展国际会展市场,吸引更多的参展商来杭州参展。大力拓展国际会展旅游,不断延伸会展旅游产业链。要深入研究并优化会展业的标识设计与解说系统,利用包括微营销在内的一切传播资源,弘扬正能量,讲好国际会展业的杭州故事,提升和优化杭州国际形象。

四是着力构筑国际高端服务平台工程。发挥好杭州跨境电商的技术优势和制度优势,促进杭州国际会展业高端服务平台的创新设计与功能优化。发挥好国际会展高端(智能化)服务平台的核心作用,配套建设好销售渠道,实现跨越发展。积极创建国际会展业的相关标准,注重依靠标准化管理和服务,提升会展服务品质。

五是实施国际会展人才高地工程。国际会展人才光靠"引进"是远远不够的,我们必须坚持"走出去与请进来相结合"。大力扶持产学研合作和人才培养模式创新,积极创建国际会展人才高地,加快培养人才。创建国际会展业杭州模式与杭州经验,依托会展人才培训基地向中西部地区实施会展培训,带动与辐射全国会展业发展。

(《浙江民进信息》2016年215期)

第六篇 06

生态文明与绿色发展

建议尽快编制《全国乡镇主体功能区规划》

主体功能区体系建设是推进生态文明、建设美丽中国的重要保障。这项工作得到国家有关部门的高度重视，2010 年制订了《全国主体功能区规划》（国发[2010]46 号文件）明确提出，国务院有关部门和县级以上地方人民政府要根据“主体功能区规划”调整完善区域规划和相关政策，健全法律法规和绩效考核评价体系，并严格落实责任，采取有力措施，切实组织实施。但从主体功能区规划及其实施的实际情况来看，“乡镇主体功能区规划”没有引起足够的重视。乡镇主体功能区规划缺失将产生不少不利影响：

（一）乡镇主体功能区规划是重要且必不可少的基础环节，也是国土空间开发方案的具体的明细化方案。缺失乡镇主体功能区规划，全国主体功能区规划就没有了实施的重要基础环节。

（二）中央、省、县、乡镇四级政府中，乡镇政府是最基础的一级政府，具有十分特殊的地位和作用。国家所有的政策和措施，都必须经过乡镇政府才能够深入贯彻到基层群众中去。乡镇政府基础性工作不做牢靠，将直接影响国家许多大政方针的落实。

（三）缺失《乡镇主体功能区规划》，使得一个县的不同乡镇政府绩效考核体系缺乏相应的主体功能差异化的依据，导致对乡镇绩效评价考核“一刀切”的现象普遍存在，已经严重影响到主体功能区建设的总体目标实现和措施落实。

乡镇主体功能区规划的缺失，不仅直接影响到全国主体功能区规划体系的完整性和可操作性，还会影响推进生态文明建设美丽中国相关政策的贯彻落实。为此建议：

一、尽快开展《全国乡镇主体功能区规划》编制工作

推进生态文明、建设美丽中国,必须全国一盘棋。主体功能区规划是国土空间开发的战略性、基础性和约束性规划,在各类空间规划中居总控性地位,必须从全国生态文明建设的大局出发,在全国主体功能区规划的基础上,统一标准和规范,加快编制《全国乡镇主体功能区规划》。

二、利用规划契机,深入基层做好生态文明宣传普及工作

《乡镇主体功能区规划》编制工作,是一项十分艰巨复杂的系统工程,既需要按照国家、省和县的总体要求,严格遵循上级规划布局进行深化和细化,也需要因地制宜,统筹协调,具体分析,系统谋划。

“主体功能区”的规划与建设,必须依靠基层、依靠群众,充分调动基层群众的主动性、自觉性、积极性和创造性。只有人民群众的广泛参与,主体功能区规划目标才能得以实现。

当地各级主体功能区的规划核心内容,要及时纳入基层干部培训教材。

三、微调《全国主体功能区规划》的有关规定

将《全国主体功能区规划》中的“国务院有关部门和县级以上地方人民政府要根据本规划调整完善区域规划和相关政策,健全法律法规和绩效考核评价体系,并严格落实责任,采取有力措施,切实组织实施”,宜改为“国务院有关部门和地方各级人民政府要根据本规划调整完善区域规划和相关政策,健全法律法规和绩效考核评价体系,并严格落实责任,采取有力措施,切实组织实施”。

四、完善乡镇主体功能区的绩效考核评价体系,并强化考核结果运用

基于生态文明的绩效考核评价,必须从乡镇层面做起,扎实推进。要将形成主体功能区的绩效考核评价体系和中央组织部印发的《体现科学发展观要求的地方党政领导班子和领导干部综合考核评价试行办法》等考核办法有机结合起来,根据各自地区不同的主体功能定位,把推进形成主体功能区主要目标的完成情况纳入对地方党政领导班子和领导干部的综合考核评价结果,作为地方党政领导班子调整和领导干部选拔任用、培训教育、奖励惩戒的重要依据。

(《浙江民进信息》2013 年第 235 期)

运用溇港生态工程有效治理太湖蓝藻

治理太湖蓝藻,已引起各级政府和全社会的广泛关注和高度重视。近年来,针对治理太湖蓝藻的一批国家重大科研项目先后启动,并取得了一定成效。然而太湖蓝藻问题仍然严峻,根治任务十分艰巨,还存在以下几个方面的突出问题:一是重视对太湖全流域和太湖周边产业治理与限制,忽视对蓝藻生成机制研究与水下土壤的根除;二是重视对生产污水和生活污水的严格控制与技术治理,忽视对发展方式变革和新型产业的政策扶持和培育;三是重视对水体水质的治理,忽视了应用生态工程综合循环利用的创新与探索。特别是湖底淤泥疏浚工程浩大投入巨大,且疏浚出来的淤泥如何处理和堆放,都成为重大难题,迫切需要从根本上予以破解。

发源于太湖流域的溇港生态工程既是世界灌溉文化遗产,也是传统治水造地的尖端实用技术,具有极高的科学价值和应用价值,值得高度重视和开发利用。溇港(圩田)工程是我国浙江湖州吴兴先民针对软流质淤泥滩地首创的规模化、棋盘化农田水利生态工程。吴兴的溇港大致肇始于晋永和间吴兴太守殷康在修筑荻塘,当时,荻塘以北还是宽窄不等的湖滩地,因而荻塘的修筑需要同时开挖溇港排水。荻塘修筑后,经过唐、五代吴越时期的不断浚治和发展,逐步形成了与溇港系统。荻塘的修筑是吴兴历史上的一个重大事件。如果说四千多年前的湖州"毗山大沟",开启了在太湖南岸洳湿之地上疏干排水、垒塘开溇、围圩筑堤的先河,那么,西起现湖州中心城区城东二里桥,东至吴江平望莺脰湖,并与京杭大运河相接的荻塘,则成功地将治理太湖、防洪、航运、灌溉、排水等诸多功能有机地整合在一起,堪称我国历史上罕见的综合性水利工程。溇港(圩田)生态工程大致在民国以前经历了四个时期,先秦至唐代前期起步阶段,唐代中后期至五代快速发展时期,北宋大圩解体及转型时期,明清持续发展时期。而吴兴溇港生态工程之所以长期得以延续,主要是顺应自然,巧借天力,科学规划与布局合理。比如,充分运用东西苕溪中下游地区众多湖漾,进行分级调蓄,起到"急流缓受"的作用,以消减水势。通过人工开凿的东西向河道,如荻塘、北横塘,南横塘等,使"上源下委递相容泄",使东、西苕溪和东部平原的洪水,经吴兴的溇港分散流入太湖。而以自然圩为主体修筑"溇塘小圩",使原有河网水系基本不受破坏,发挥河网水系的调蓄、行洪和自我修复的生态功能。溇港生态工程与桑基鱼塘生态工程相得益彰,成为中华民族享誉世界的生态工程的典范作品。

西湖风景区的苏堤和白堤,也正是历史上苏东坡和白居易对西湖实施疏浚而造成的。浙江嘉善汾湖采用分区块治理(内外湖)的方法。内湖 1800 亩,深挖塘(3~5 米)筑路基(用溇港工程堆积淤泥)营造景观带。这样,不仅使湖区水质达到Ⅱ类水,而且成为国家级水上训练基地、国家级旅游景区并正在创建国家水利风景区。我们认为,今天的嘉善汾湖,正是运用"溇港生态工程"有效治理湖泊蓝藻的成功典范。

综上,我们经过深入调查研究提出对策建议如下:

一、加强科学研究,健全完善太湖蓝藻治理规划。要充分发挥中华民族的生态智慧,将"太湖蓝藻"生态治理、土地整理与国土空间立体开发相结合;将有效治理太湖蓝藻、筑造旅游景观和拓展新型产业相结合,运用"溇港生态工程"治水造地,争取实现太湖蓝藻治理的综合效益最大化,意义特别重大。

二、尽快实施"大型网格化溇港生态治理工程"集成创新技术。太湖比西湖大得多(面积约 346 个西湖),要彻底根除蓝藻淤泥,就需要用溇港生态工程筑造数百条"苏堤""白堤"和数百个"小瀛洲"岛屿,同时造就数百个"汾湖",使得总体水质达到Ⅱ类水,成为一个系列化高品质旅游大景区。系统治理,一举多得。

三、改革体制与机制,加强跨区域协同。丰水期,洪水要排入太湖;枯水期,太湖要发挥灌溉功能。丰水期,蓝藻问题并不突出;但枯水期蓝藻问题往往比较严峻。太湖调蓄灌溉功能的有效发挥和蓝藻治理工程,都涉及江苏和浙江两个省份的协同问题,需要按照共建"美丽太湖"的总体要求,开展跨区域水陆国土空间综合开发体制与机制的协同创新。

四、深化供给侧改革推进水域产权与治水收益分配问题尽快破解。太湖治理工程十分浩大,发展潜力巨大,需要资金投入也非常巨大。在政府稳步投入的基础上,可以考虑通过制度创新和政策扶持,采用统一规划、分块施工与运营权转让的方法,争取运用市场机制引入社会资本参与,加快推进太湖治理进程和新型产业发展。这里涉及到的水域产权问题,也需要生态补偿制度创新的方法予以解决。

(《浙江民进信息》2017 年 203 期)

系统推进“五水共治”工作的几点认识

2013 年以来,中共浙江省委将“五水共治”提到重要战略高度予以重视与实施,并取得了显著成效。然而,结合《全国主体功能区规划》和浙江治水实践,不然发现,“五水共治”过程中仍存许多问题和不足:

(一)舆论导向上,存在一定程度的偏差,容易造成误导。一直以来沿用的“谁污染,谁治理;谁保护,谁受益”宣传口号,需要重新审视和修正。它或许符合经济学原理,却遵循的是“先污染、后治理”的环境工作思路,应该彻底摒弃。

(二)空间布局上,缺乏精细化的主体功能区规划目标导向、科学指导和严格管理,容易导致“一刀切”。

(三)技术路径上,过于依赖工程措施。正在实施的“十百千万工程”,不足以体现“五水共治、转型发展”的全部内涵。必须将“末端治理”与“源头治理”结合起来,标本兼治,双管齐下。

(四)参与方式上,构建群众广泛参与的长效机制非常迫切。必须将激发群众参与五水共治转型发展的热情,与生态科技培训及推广工作紧密结合起来,与区域社会经济发展整体规划与科学实施紧密结合起来,与生态文明制度体系建设及其严格管理实施紧密结合起来。

(五)绩效考核上,指标体系不够完善,容易造成认识误区和短期行为。全面深化改革,健全体制机制保障,是确保“五水共治”取得实效的关键。强化倒逼机制,加快发展方式和生活方式转变,是解决“五水共治”难题的根本出路。针对性的临时性行政措施,要适可而止,不应该将临时性措施作为永久性政策措施予以执行。为此,建议:

(1)“五水共治”与拓展新兴产业并举。要将“五水共治”与推进新型城镇化和建设生态文明紧密结合起来，与创新驱动建设“两富浙江”和“美丽浙江”紧密结合起来。建议在国家主体功能区规划的指导下，全面统筹协同推进九大工程：维护水生态、保护水资源、修复水环境、保证水安全、弘扬水文化、美化水景观、繁荣水经济、发展水事业，拓展新型水产业。

（2）编制浙江省《乡镇主体功能区规划》。要按照“乡镇主体功能区”的要求，健全与完善生态补偿制度。启动《乡镇主体功能区规划》编制工作，既要按照国家、省和县的总体要求，严格遵循上级规划布局进行深化和细化，也要结合各乡镇的实际情况，因地制宜，统筹协调，系统谋划。

（3）积极创建示范体系，推动浙江品牌辐射。结合“水生态文明城市”试点工作和国家级水利风景区建设工作，及时研究并出台“浙江省山水城市地方标准”，为全国山水城市建设积极探索经验。明确“美丽浙江”目标导向，大力推进山水生态明秀美、特色文化灿烂美、城乡空间布局美、新型产业活力美、人居生活和乐美“五美融合”。

（4）坚持正确舆论导向，配套生态管理制度。一是要营造深厚的全民治水氛围，通过加大宣传，让每个人树立起“保护水环境是义务，建设水环境是责任，破坏水环境是违法”的用水理念。二是要健全干部责任和绩效考核，提高公务人员特别是领导干部的政绩观，牢固确立起“抓治水是本职，不抓治水是失职，抓不好治水是不称职”的治水理念。

（《浙江民进信息》2014 年 169 期）

运用特色小镇思路全面激活古镇(古村落)保护

浙江历史悠久,古镇(古村落)众多。浙江省公布的首批千年古镇和千年古村落各10家,文化底蕴深厚,千姿百态各具特色,承载着各自的人文和乡愁,是十分宝贵的文化旅游资源。近年来,我省在古镇(古村落)文化遗产保护方面做了大量工作,取得了显著成效,但总体上看仍然存在以下四个方面的突出问题:

一是保护与利用冲突而不协同。我们习惯于各级文物保护单位的"单体"保护,甚至不惜花费重金"修旧如旧",一些文保单位,为了保护而对各种利用严加限制。但对珍贵文物及其文化利用方面重视的很不够。其实"利用就是最有效的保护"。

二是文化与产业脱节而不融通。不少古镇(古村落),在文化产业发展方面并没有因地制宜扬长避短,自身的特色文化并没有得到有效的产业化。比如乌镇的"茅盾文学"文化资源就一直没有得到有效开发。其实"文化与产业融通发展是最有效率的"。

三是生产与生活背离而不和乐。我们在调研过程中发现,因为当地缺乏产业支撑,不少村民以打工谋生,致使不少很有价值的古镇(古村落)处于"空心化"状态。个别地方的古镇(古村落)居民人口年龄结构失衡,文化衰落于断层现象已经十分严重。其实"文化是需要靠当地人来传承的"。

四是旅游与地方分离而不关联。不少古镇(古村落)发展旅游的积极性十分高涨,但是在具体的乡村旅游开发方式与方法上,很少考虑到地方性。纵观全省,建筑的欧式风格、地名的全盘西化、"咖啡屋""巧克力"以及"薰衣草花海"等项目"快餐化"诉求,已经泛滥成灾。其实"文化是旅游的灵魂,特色是旅游的生命",

“只有民族的，才是世界的”。

这些问题严重制约着古镇（古村落）的发展，亟待研究并解决。“特色小镇”为我们提供了一条值得借鉴的有效途径。发源于浙江的“特色小镇”模式成为我国新型城镇化的重要方向，并已经上升为促进区域社会经济协调发展、推进产业转型升级国家战略。“特色小镇”，就是围绕提升区域国际竞争力，应用文化总部理论聚合同类文化与产业技术的优势资源，打造富有特色并超强竞争力的产业链，因地制宜传承文脉，高标准建设精致和美的幸福家园，进而推进全域旅游融合发展实现区域跨越发展的战略目标。

为此，我们提出以下建议：

1. 必须坚持“五位一体”指导思想。古镇（古村落）的科学发展，必须坚持三生（生产、生活、生态的有机统一）四融（文化、产业、旅游与社区融为一体），必须坚持五位一体（政治、经济、社会、文化、生态一体化）。古镇（古村落）要成为文化产业的引领和生态文明建设的典范。

2. 坚持特色发展，积极打造新型文化总部。所谓特色发展，就是要“特”在文化、“特”在产业上。应用文化总部理论，因地制宜高度集聚某一类文化优势资源，实现聚合创新，打造国际化高端平台和文化高地。要积极推进留住乡愁，全面激活古镇（古村落）文化创新，这是特色发展的制胜法宝。比如，台州章安千年古镇，就可以聚合东海文化的全部优势资源，打造东海文化总部；金华孝丰千年古镇，就可以聚合全国孝顺文化的全部优势资源，打造孝顺文化总部；金华锁园古村落，还可以依托鲁兵（沈光化）故里，聚合全世界的儿童文学（童话）文化优势资源，打造国际童话文化总部。

3. 强化融合发展，注重拓展产业提高效率。要按照美丽中国和全面小康社会建设的总要求，古镇（古村落）需要与时俱进强化融合发展。比如，可以争取在台州章安举办国际东海文化产业博览会，在金华孝顺举办“中国孝顺文化节”，在金华锁园举办“国际儿童文学大奖赛”等等。积极拓展新产业，不断创造新业态、新产业、新体验和新模式，努力提升古镇（古村落）文化产业发展的效率和效益。

（《浙江民进信息》2017 年第 6 期）

我国水利风景区“水利+”融合发展模式探索

我们既不能因为要发展经济而破坏生态环境，也决不能因为保护生态环境而限制人的发展，因此必须坚持“三同时”，同时尊重自然规律的科学发展、同时尊重经济规律的持续发展和同时尊重社会规律的包容发展。水是生命之源、生态之基、生产之要。水利不仅仅是农业的命脉，也是工业和城市发展的命脉。在大力发展生态水利、民生水利和旅游水利的背景下，依托水利风景区积极探索与拓展“水利+”融合发展，谋求水科学发展，推进生态文明，具有重要的理论意义和应用价值。

一、水利风景区建设与发展迫切需要理论创新

（一）水利旅游融合体

人类依水而居，城市因水而建，产业因水而兴。文化是人类在社会历史发展过程中所创造的物质财富和精神财富的总和。产业是具有某种同类属性的经济活动的集合或系统。旅游是一定社会经济条件下的一种人类社会经济活动，它表现为人们以寻求新的感受为主要目的，离开常住地的一种综合性物质文化活动。从文化属性来看，旅游活动与产业经营在本质上是一种文化活动，具有文化特性的经济产业亦属于文化活动的范畴。文化产业是指以满足人们对文化需求为目标，按照工业标准，生产、再生产、储存以及分配文化产品和服务的一系列活动。文化旅游是以旅游与文化的融合，感知、了解和体验人类文化具体内容的行为过程。产业旅游是旅游产业的一种类型，它包括农业旅游、工业旅游、水利旅游及文化产业旅游。

所谓旅游融合体，是指在特定空间范围内，依托绿水青山的优美自然生态环境、具有文化价值的优秀人文资源和具有品牌价值的优势产业资源的集聚整合为旅游吸引物，依据融合发展、绿色生态、创新驱动、主客共享及联动辐射的原则，以文化体验、休闲娱乐、度假养生为导向，以打造能够满足游客“吃、住、行、游、购、娱、商、体、养”九大需求的复合型旅游产品为核心，以促进当地社会经济文化生态协同发展为目标，“文化、产业、旅游”三元融合的多功能、多业态、深内涵、重体验的融合发展集聚区。

旅游融合体集聚三大类旅游资源的优势，突出的是旅游吸引物的高品质条件。旅游吸引物是旅游活动的客体，其品质的优劣关系到旅游吸引力的大小，甚至关系到旅游规模的大小。优美的自然环境、优秀的人文资源以及具有优势的品牌产业作为高质量的旅游资源，符合现代社会注重生态文明、健康发展、文化体验的要求，是打造旅游融合体的基础支撑。文化产业旅游融合体坚持以市场需求为导向。游客是旅游活动的主体，其对旅游的需求早已不再停留于“走马观花”，而是向着文化体验、休闲娱乐与度假养生转变。没有需求就没有市场，旅游融合体不能脱离游客对旅游活动的需求。因此，旅游融合体必须依据市场需求，更加全面地提供能满足游客在吃、住、行、游、购、娱、商、体、养等方面需要的复合型旅游产品。

旅游融合体是对旅游综合体的创新提升，创建旅游融合体除了要遵循融合发展与绿色生态的基本原则之外，更要遵循创新驱动、主客共享和联动辐射的原则。创新驱动侧重旅游机制的创新，以文化引领、产业推动为核心驱动旅游发展。主客共享强调当地居民与游客的资源共享。联动辐射要求各个事物之间互相关联带动，产生辐射效应。依靠产业推动文化、旅游的发展，依托文化增添产业、旅游的内涵，借助旅游实现文化、产业的传播。水利旅游融合体，整合文化、水利产业、旅游优势于一体，能极大的拓展旅游功能、丰富旅游业态、提升旅游内涵。水利旅游融合体关注与当地的社会经济、文化生态协同发展，更具公益性，更符合社会发展要求。如今，二元融合模式已经跟不上社会快速发展的步伐，“互联网＋”“旅游＋”“水利＋”等概念被相继提出，其本质就是互联网、旅游与其他业的相互融合，强调了融合的多元化。为迎接“旅游＋”的新时代，创建“水利＋”的新局面，我们提出“四元融合”，打造水利旅游融合体。文化是旅游的灵魂，产业是旅游的依托，水利是旅游的载体，旅游是产业转型的途径。集聚文化、产业、水利、旅游的优势，大力发展旅游业、弘扬优秀文化、促进产业转型，是三元融合最重要的作用，也是最主要的目的。根据水利旅游融合体概念，我们结合浙江省近年来国家水利风景区建设与发展实践，构建浙江“水利+”旅游融合体模式。

（二）实施水科学发展的理论与方法

水利人在长期的生产实践中积累了丰富的治水经验，并以习总书记关于“节水优先、空间均衡、系统治理、两手发力”的科学治水思想为指导，总结形成一套治水理论与工作方法，具体内容包括：

一个生命共同体：山水林湖田是一个生命共同体。水利风景区建设发展，不能就水谈水，需要注重整体、系统与协同。

两山理论：绿水青山就是金山银山。要充分重视自然生态的价值，加强生态环境的保护与建设。

三大水利：要大力发展民生水利、生态水利与旅游水利。不断拓展水利产业和水利事业新局面。

四个协同：建一项工程、成一个景区、带一片城乡、富一方百姓。要把水利作为惠及民生建设全面小康的大事业来做。

五水共治：实施治污水、抓节水、防洪水、排涝水与保供水的浙江“五水共治”工程，促进生态环境根本改善、推动产业转型升级和生命群众生活品质提升。

六大功能：维护水工程、保护水资源、改善水环境、修复水生态、弘扬水文化、发展水经济，这是水利风景区建设发展的重要内容。

（三）水利风景区“水利+”融合发展机制创新

一是健全与完善水科学发展-山水城市-美丽中国的目标导向机制。按照“创新协调绿色开放共享”发展的理念，全面审视和重新定位水利风景区科学发展战略定位，要紧紧围绕山水城市和美丽中国的战略目标要求，全面强化水利风景区和水功能区的目标管理。水是生命之源、生态之基、生产之要。既要强调水资源的保护，也要强调水资源的有效利用。新形势下国家水利风景区，理应科学发展和美丽中国的示范区。

二是健全与完善多行业-多部门-多利益群体的协同创新机制。相当长的一个时期以来，我国部门之间齐抓共管与条块分割并存的局面，一定程度上严重影响到水利风景区的协同创新与跨越发展。正在试点的国家公园体制，是我们谋求实现水利风景区多部门-多行业-多利益群体的协同创新的一种重要途径。

国家水利风景区，要勇于担当，积极参与探索践行国家公园体制，为实现美丽中国的战略目标发挥积极而重要的作用。

三是构建与完善水利风景区－水利公园－水利博览园的品牌引领机制。由于历史原因，与国家5A景区和国家森林公园相比，我国水利风景区在社会上的影响不够大，因此迫切需要实施品牌工程，配套专项经费打造一批国家水利风景区样板，注重重点扶持与全面推进相结合，加强品牌引领。同时，加强对水利风景区建设的标准化考核，对于近年来建设力度不大的水利风景区，甚至可以考虑引入淘汰机制实施“摘牌除名”。

四是构建与完善水利融合体－海绵城市的技术支撑保障机制。各地水利部门充分调动大专院校和科研院所的科技力量开展协同创新，与时俱进健全优化《水利风景区规划导则》等技术标准。加强水生态文明制度实施的基础能力建设，建立覆盖全国、各流域、各地区的水资源、水环境、水生态信息监测体系，科学支撑“三条红线”控制制度的实施；开展生态水利规划设计规范和技术标准体系研究，兼顾水利工程与生态学原理，要求在河流综合治理中既要满足人的需求，包括防洪、灌溉、供水、发电、航运等需求，也要兼顾生态系统的可持续性；完善水生态友好型技术与产品的社会推广与服务体系，如农业高效节水、城镇生活节水、城市雨水利用、水污染处理、再生水开发等新技术或新产品、生态健康型坝工与河工技术等[1]。要加强水利融合体和海绵城市的科学技术研究，因地制宜为水利风景区拓展新产业铸造新模式打造新业态强化技术支撑保障，重点在生态工程技术、绿色产业技术、养生旅游技术、艺术科技、新能源和信息技术、体验经济与管理工程等方面下工夫，全面推进水利风景区科学发展、持续发展与包容发展。

五是构建与完善生态旅游－生态产业－养生旅游的主客利益共享机制。水利风景区是开展生态旅游重要目的地，是生态产业的重要集聚区，也是养生旅游的实验区，还是推进生态文明的重要载体。水利风景区要努力保护生态系统完整性，维护好“山水林湖田”生命共同体，努力成为生态景观优美、特色文化璀璨、生态产业发展、社区主客共享以及美丽幸福小康的生态旅游示范区、科学发展的先行区和生态文明的新高地。

二、探索水利旅游融合体的成功经验

水利风景区是水科学发展与生态文明建设的重要载体，需要示范工程引领。

(一)浙江乌溪江水博园

浙江衢州乌溪江水利风景区是第十批国家级水利风景区,是我国东部亚热带水库型水利风景区的典型代表,属于Ⅰ类水质水源地保护区,对衢州市社会经济发展和生态保护发挥着至关重要的支撑作用。它的周边,集聚着紫薇山国家森林公园、乌溪江国家湿地公园、药王山国家4A级旅游景区、烂柯山—乌溪江省级风景名胜区等众多著名旅游品牌。这里集聚了几乎所有功能类型的水利工程。乌溪江是我国流域梯级水利开发最完备的河流之一,是名副其实的"中国水利博览园"。在不到150平方公里的土地上,集中了黄坛口水库、湖南镇水库、灌溉金衢盆地的乌引工程(东、西干渠)以及青石古堰等著名水利工程。据《民国衢县志》记载,衢江区有名称的堰坝共146处,分布在乌溪江、下山溪、芝溪和铜山溪等江溪上,其中南宋时兴建的乌溪江石室堰为较早见于史籍的一处。这些水利工程涵盖了水利枢纽、反调节、发电、供水、跨流域引水、灌溉干渠闸桥以及抽水蓄能等众多功能类型,是我国水文化实体型科普教育基地和水利工程类专业实践教学不可多得的理想场所。

黄坛口水库是新中国第一个中型水电站,被誉为"水利工程师的摇篮"。乌溪江引水工程,所形成的"乌引精神",曾广为流传,激励着一代又一代水利人创新创业,为国家富强和民族振兴做出巨大贡献。这些水利工程,对衢州市及浙中西部地区推进科学发展和建设生态文明发挥着越来越重要的作用。如今,围绕建设国家级水利风景区,这里大力推进"五水共治"与转型发展。保护区内禁止养畜禽,从制度和机制建设层面,实施最严格水资源管理,积极推进水生态文明建设。健全水源地生态保护制度,完善区域滑坡泥石流防治技术规程及水土保持制度。制定与实施"生态养生林业""洁水渔业"技术规范及(渔业合作社)经营管理制度,形成一套产业技术规范及相应的经营管理制度,为生态养生旅游发展提供坚实的物质技术保障。提倡"抓治水是本职,不抓治水是失职,抓不好治水是不称职"。注重强化群众环境保护和生态教育,废弃"谁破坏,谁治理;谁建设,谁受益"等传统口号,率先倡导"保护生态环境是责任,建设生态环境是义务,破坏生态环境是犯罪"理念。正是实施了最严格和最有效的环境管理制度,今天的乌溪江依然属于国家Ⅰ类水质的水源地。这里景区动植物资源丰富,利用乌溪江发展"洁水渔业"成效显著,鲟鱼养殖享誉海内外。有机茶、香菇、木耳等农林产品,品质一流。当地还制定全流域生态养生产业发展战略、空间布局及产业链发展规划,注重产业、旅游融合发展,着力延伸区域产业链,促进区域核心竞争力提升。植物精气、负氧离子是生态养生的两大重要资源,当地根据森林生态系统的植被类型和水文特征,界定出植物精气和负氧离子的空间分布特征,配套设计相应的养生旅游产品体系,推动传统的"森林人家""渔家乐""农家乐"转变为生态养生庄园(养生馆),实现转型升级。同时,景区内的湖南镇和黄坛口乡,正积极培育新型产业,推进科学发展,建设生态文明,实施新型城镇化。

按照发展规划,湖南镇的发展定位是生态旅游特色风情小镇,发展规模化生态有机农业和创意农业,重点发展生态休闲养生度假旅游。黄坛口乡的发展定位是养老养生文化旅游镇,重点发展养老服务和养生美食旅游,将"生态移民、下山脱贫"与拓展新型旅游产业结合起来,推动当地农民脱贫致富奔小康。

(二)四川中国·乐山水公园

自 2013 年以来,乐山启动水利风景区建设管理工作,共成功申报 1 处世界灌溉工程遗产、4 处国家级水利风景区、7 处省级水利风景区,并被列入第二批国家水生态文明试点城市。乐山地处三江,水利资源丰富,水景资源得天独厚,应坚持以水定城,立足"踏水观山,依水拜佛;近水养性,靠山净心;山水交融,亦仁亦智"的形象定位,打造"中国·乐山水公园"[2]。搞好水利风景区建设与可持续发展,带动乐山旅游转型升级,必须进一步创新思路,发展水利旅游融合体。

乐山水系骨架明晰,水体联网生态本底良好,水利旅游融合体"水公园"雏形显现。岷江、青衣江、大渡河三条主干河流构成了乐山水系的整体扇状骨架,另有马边河、官料河、峨眉河、临江河、泥溪河、茫溪河、沐溪河等几条较大的河流汇入三江,形成了乐山市水系基本网络。众多中小河流、湖泊(水库)能够相互串联,形成关联性较强的水域整体,并以整体的态势凸显出乐山市"水公园"的雏形。水、乡共生, 水、城一体, 人居环境优越。岷江、青衣江、大渡河三条主干河流贯穿乐山 7 个县(市、区),沿岸水、乡共生,山水田园风光无限;河水穿城而过,水、城浑然一体,生态环境良好。另外,乐山水库与周边村庄平均距离在 2 – 5km 之间,具备水、乡一体开发的条件。乐山市所特有的水、乡共生、水、城一体的生态格局,构成了乐山市良好人居环境的基础。乐山水文化以其特有的包容性、长久性,并将佛、道、儒文化、农耕文化、桥盐文化融合于乐山。三江沉淀了乐山的文明。《史记·河渠书》载:"在蜀,蜀守冰造离堆,辟沫水之害。"由此开启了乐山治水的历史。唐代临江河堰、北宋牛头堰、明代泊滩堰、江公堰、东风堰、红猫堰、龙门堰等古堰至今仍在发挥作用,形成了乐山特有的灌溉工程遗产群。

乐山水利旅游融合体发展,事关乐山旅游产业转型升级,管理机制必须创新,鼓励大胆探索,先行先试,关键要在体制、政策、管理、人才等方面有所突破,提供保障,协调推进。必须打破原来的资源管理格局,特别要变革“各自为政、画地为牢、多头管理、管理分散、产业脱节”的传统体制,建立一个跨区域、跨部门、跨产业的,能够高度集合资源、整合产业发展要素、统筹协调发展变革,架构“一心,两区,两翼”,即“三江汇流”水利休闲发展核心;都市水利休闲主体区、乐南彝家水生态保育区;滨水养生休闲发展翼、山水休闲城镇发展翼。结构上,按照区域内社会经济与资源条件的差异性,以核心圈为基础,形成空间上的辐射性;以绿道体系为骨架,连接水利休闲资源的点、线、面,建构整个水利休闲的空间格局。最终形成“三江汇流”水利休闲核心区、都市水利休闲主体区、山水养生休闲区、井研乡村水利休闲综合区、犍沐水利休闲城镇度假区、乐南彝家水生态保育区等六大功能区。围绕生态休闲养生完成水利休闲度假业、生态农业、康体保健业(运动休闲)、养老服务业、养生地产业、生态旅游业(含户外探险)等六大产业体系建设。

(三)临沂水科学发展与生态文明城市

2001 年,临沂滨河水利风景区被水利部列为全国首批水利风景区。近年来,临沂市委市政府坚持实施“生态立市”战略,以创建省级水生态文明城市为契机,依托中心城区八河绕城的有利条件,坚持“水安全、水经济、水文化、水生态、水景观”五位一体方针,一体推进“水、岸、滩、路、堤、景”,大力建设“以水为魂”滨水生态宜居城市,着力打造人水和谐、人水相亲的宜居家园,水生态环境大幅度提升改善,为市民营造出了秀美宜居的生态环境。在滨河水利风景区建设的助推下,临沂市先后荣获全国文明城市、中国宜居城市、全国双拥模范城市、中国优秀旅游城市、国家园林城市、国家环保模范城市、国家卫生城市等荣誉。2012 年 12 月,被山东省人民政府授予“山东省水生态文明城市”称号[3]。

围绕打造水利旅游融合体,系统谋划优化空间布局。2013 年 7 月,临沂市被水利部确为全国首批水生态文明城市建设试点市,临沂市以此为契机,委托中国水科院编制了试点建设实施方案,确定了建设“碧水青山、河湖为脉、水景相依、自然和谐”生态新沂蒙的总体目标。临沂市将依托沂河、沭河组成的 H 型水系,充分发挥库塘星罗棋布的优势,通过工程、生态、文化等手段和措施,在市域内构建“一心两轴四片、十二生态线、八十生态湖库”生态景观格局的建设思路。随着试点建设的不断推进,临沂城市发展的空间布局进一步优化,水生态建设对城市定位、规划、建设的促进作用越发凸显。创造性地提出了“合纵连横,一心七轴”的空间布局构想,以及“一河六片、组团发展、北上东进、南强西优”的中心城区空间结构和“商城、水城、历史文化名城”的特色发展战略思路。依托水系网络,加快规划建设生态水城,按照国家水利风景区的标准,进一步细化了旅游规划、绿地系统提升规划、滨河景区湿地规划、百里健身长廊规划,使景区建设更加科学、有序,为可持续发展和生态文明建设提供了重要依据。

主客共享推进水利旅游融合体持续发展。第一,广泛开展群众性文体健身活动。实施环沂河百里健身长廊工程,定期组织龙舟赛、沿河自行车骑行等群众性活动。成功举办了 F1 摩托艇世界锦标赛等国际赛事。2012 年以来,每年举办中国沂河文化体育旅游节,开展摩托艇全国城市邀请赛、百里沂河极限挑战赛、世界级艺术滑水吉尼斯挑战赛等高水平赛事。第二,彰显红色文化特色。依托景区周边的城市景观和水的自然背景,倾心打造了大型水上实景文艺演出《蒙山沂水》,演绎和诠释了沂蒙红色文化的独特魅力,荣获国家荷花奖特别奖。第三,传承保护历史文化资源。建设了皇山公园,对距今 5000 多年的东夷文化遗址进行了保护。享誉世界的《孙子兵法》竹简出土在沂河岸边的临沂城区内,临沂市结合水文化建设打造了兵学博物馆,对宣传《孙子兵法》《孙膑兵法》发挥了积极作用。书法广场、书圣阁也已投入使用,羲之故里、书法圣地的品牌名扬海内外。

三、水利风景区为“水利 +”提供重要的增长极

水是生命之源、生态之基、生产之要。水是农业的命脉,也是城市的命脉。随着“水利 +”内涵不断深化和旅游体验经济的快速发展,水利旅游业在我国国民经济发展中的地位不断提升,“水利 +”融合发展已成为区域经济增长和社会发展的新引擎和学术界广泛关注的热点。水利综合体是以水利旅游休闲为导向,基于一定水利文化旅游资源与土地基础进行地产综合开发而形成的旅游休闲聚集区。目前,“水利综合体”概念因为局限于“房地产和高星级酒店集群”,过于受旅游产业集聚的束缚,影响了文化、产业与旅游的多元融合功能的最大化。旅游综合体已不能适应现今旅游融合发展的新形势,需要我们创新并提出“融合体”概念,努

力在旅游新常态下有新作为。

当今,"互联网+""旅游+"等概念逐渐深入人心,针对水利风景区的创新与发展,我们提出构建"水利+"的融合发展模式,强调了水利与其他业的相互融合,注重融合的多元化。将水利旅游从原来的二元融合逐渐提升至三元融合,打造水利旅游融合体。"三元融合模式"集聚了各元素的优势,形成一个稳定的铁三角关系,能加大各元素之间的关联度,有利于彼此之间的资源利用率,会对城市或区域经济带来优势集聚、传承创新、复合联动、产业增值、转型升级及示范辐射等多元化效应。以浙江景宁畲乡绿廊水利风景区为例,我们探讨"水利+"系列化融合发展的途径与成效。

(一)"水利+教育"的二元融合

景宁是全国小水电之乡,水电产业已真正成为景宁的支柱产业。畲乡绿廊水利风景区周边分布有众多的水电站,历史悠久,反映了特定时期景宁人民勤劳奋斗的历程。梯级电站、小水电培训示范基地等项目的开发建设对于开展水文化弘扬创造了有利条件。将水利与科普教育二元融合,让游客们在进行水利旅游、领略水电风采的同时,了解学习水电文化,加强环保意识和水源保护意识,从而加强生态教育,促进"五水共治"宣传教育的全面开展。

(二)"水利+互联网"的二元融合

当今社会是一个互联网时代,"互联网+"已成为新常态。各行各业通过互联网平台,利用信息通信技术,相互融合发展,在新领域创造新生态。例如传统的银行业,通过互联网生成了强大的支付宝。水利与互联网的二元融合,可使传统水利换代升级。人们可以利用网络预约网上水利课程、体验水利工程模拟搭建、普及水利科技知识等。畲乡绿廊水利风景区充分利用互联网通信技术,建立水生态文明宣传平台,面向中小学生、社会公众普及水利知识、水利科技,培养公众防灾减灾意识、水安全意识、节水意识、保护水环境意识,努力营造社会各界理解、关心、支持水利事业的良好氛围,吸引优秀中小学生爱好水利、学习水利,成为水利事业的后备型人才。

(三)"水利+乡村休闲"的二元融合

畲乡生态滨水绿道,依托千峡湖库尾河道沿岸丰富的山水、文化资源,集旅游、休闲、文化、运动、商业为一体;鹤溪河桥城防工程河道修建橡胶坝,增加蓄水面积,形成人工湖美景,水边设置亲水步道、平台、廊桥、滨水建筑物等,这都是水利工程与乡村休闲完美结合的表现。游客们或结伴同行,或独自上路;或在水桥嬉戏,或在木屋憩息;一边欣赏周边的山水景观,一边体会畲乡浓郁的民族风情,一幅休闲祥和之境。

(四)“水利+旅游景区”的二元融合

旅游吸引物是旅游活动的客体,是创建旅游景区最基础的条件。随着我国旅游业的发展,旅游吸引物的范围十分广泛,水利工程、水利文化、水文景观无疑是极具吸引力的旅游资源。景宁被称为中国小水电之乡,其水利文化底蕴深厚、水利工程随处可见,将水利融入旅游景区,可以为景区增添一抹亮色。

中国畲乡之窗景区以大均古村和瓯江小溪为依托,以畲族风情为核心,是走进畲乡山水,亲历畲族风情的最佳窗口。景区主要有三大旅游板块:一是参与、欣赏畲族风情表演;二是饱览老街风貌,领略千年古樟、龙岗叠翠、浮伞祠、畲族风情馆等人文景观;三是感受有“浙江第一漂”之称的浮伞漂流。其中以“畲族风情表演”最具特色,由“畲寨迎宾大礼”“畲乡新娘茶”“畲族婚俗”“畲寨欢乐夜”四个项目构成,涵盖白天和夜晚的游玩活动,为景宁核心旅游品牌之一。畲乡大均漂流项目,曾被省航道漂流专家组评为全省大漂流航道中最为惊险的一条漂流道。竹筏漂流全程有十潭九滩四壁一礁群,形成滩潭相接的水上奇绝风光;橡皮艇漂流更是有惊无险,急流险滩,撞浪翻腾,飞流直下,给人以百分之百的狂飙感受。

(五)“水利+文化+产业”的三元融合

景宁坚持文化引领、产城融合,挖掘和弘扬以传统建筑、民族和山水文化为主要内容的景宁特质文化,大力发展旅游,深入挖掘利用畲乡特色文化、生态工业产业、旅游产业等资源,融合畲族文化、生态文化、药膳美食、工艺博览、文化体验与养生旅游,将文化产业化、产业文化化,提升了文化、产业、旅游的资源利用率,凸显了“畲乡绿廊、养生福地”特色。并率先提出打造全国畲族文化总部,畲族文化成为其具有全国意义的比较优势。

景宁云中大漈景区,依托儒、道、释三教合一的全国重点文物保护单位时思寺、古朴沧桑的古廊桥、大漈陶艺馆、电影博物馆等文化资源,高山冷水茭白(大漈乡农业增效、农民增收的一大主导产业)产业资源,以及树龄达1500年的亚洲之最柳杉王、“浙江绿谷十佳景点”之一雪花漈、景宁县第一高峰上山头等旅游资源;利用文化、产业资源发展旅游,举办“大漈高山冷水茭白节”,丰富产业文化内涵,促进了经济效益、社会效益和生态效益的和谐发展,构成了一个"文化产业旅游融合体"。

畲乡绿廊水利风景区文化特色鲜明,山乡传统浓郁,依托绿水青山的优美自然生态环境和数量庞大的水利工程,融入了具有文化价值的畲族文化风情资源,如畲族婚俗表演、猎俗表演、祭祖表演、畲寨欢乐夜、畲家乐等,在文化产业旅游融合上取得了较为显著的成绩。

(六)"水利+城镇+工艺品"的三元融合

畲乡绿廊水利风景区旅游资源分布富集度高,主要为人文、工程类旅游资源,且分布十分集中,其中鹤溪街道人文资源16个,工程资源主要集中在沙湾、鹤溪。将水利工程依托城镇古老文化,融合传统工艺产业有助于景宁畲族传统文化展示,吸引更多潜在旅游者,提升景宁水利旅游知名度。

鹤溪老城作为景宁畲族自治县政治、经济、文化中心,是景宁畲族自治县人民政府驻地,也是畲族最集中的居住地。早在千年前,畲族祖先便在此落地生根,畲族文化底蕴深厚。畲族博物馆、城市展览馆均坐落于此,向人们展示着景宁特有的畲族韵味、秀美山水和灿烂的历史文化。鹤溪河系列廊桥以其悠久的历史、独特的结构、优美的造型、强烈的地域特征,无论从历史、艺术还是科学角度看都是古典建筑艺术中的一朵奇葩和古代木结构桥梁的活化石。

外舍凤凰古镇临水而建,是浙江省级特色小镇,主要景观包括畲乡饭店、羡鱼渊、回凤阙、景畲公园、明畲园等,是畲乡绿廊水利风景区的核心区块之一,整体建筑采用传统畲族建筑风格,通过组团式建筑布局,形成以商业为主导功能的全商业性建筑。以畲乡绿廊与景宁畲族传统建筑为载体,注入景宁传统工艺、曲艺、美食等民俗文化元素,集古镇观光、水上娱乐、滨水休闲、畲药养生功能于一体,开展水上体验旅游项目,进行实景表演。

(七)"水利+生态+养生"的三元融合

目前,人们的旅游方式正在从观光旅游向生态休闲度假游转变,由老景区向新景区转移。同时,由于环境污染及大城市的拥堵,人们对蓝天碧水的渴求与日俱增,而水利风景区以其独具特色的水利景观、良好的生态环境、丰富的文化内涵,为人们提供观光、休闲、娱乐、度假以及科普文化教育活动空间,满足了人们渴望重返青山绿水、回归大自然的精神需求。

生态环境是景宁的一张金名片。景宁森林覆盖率高,生物多样丰富,水资源富足且水质优良，水库山地空气环境质量达到国家一级标准。畲乡绿廊水利风景区海拔 160 米以上为连片山地，植被覆盖率较高，炉西峡等深山地区至今保留着接近原生的森林植被。区内人烟稀少，没有明显的工业污染源和农业面源污染，水质优良，空气清新，环境幽静，特别适合旅游者从事登山、拓展、徒步、划船、垂钓等康体活动和养生休闲活动。

四、讨论与建议

一是积极推进“水利 +”融合发展。深化体制改革，健全水利管理体系。新形势下，水利风景区管理必须克服条块分割、多头管理与效率低下的困局，按照“四个全面”和“五位一体”战略要求的寻求突破。我们认为，贯彻落实国家公园体制，是彻底解决水利风景区管理体制的根本出路。加强科技创新，促进水利科学发展。水利风景区建设与发展，需要依靠包括生态科技、生物科技及信息科技等在内的科技，还需要创意设计，打造新模式、新业态、新产品和新体验，才能实现可持续发展。深化融合发展，提升水利服务功能。加强资源整合，构建水利旅游融合体。进一步明确山水城市目标导向，提升山水城市生态系统健康水平，优化山水城市和美丽乡村的海绵功能，提升减灾防灾能力，全面推进区域生态文明。

二是坚持示范引领，促进水利风景区提升。第一，明确目标导向，建立健全激励机制，实施示范工程，铸造景区品牌，引领水利风景区全面发展；第二，强化监管力度，严格管理，动态考核，优胜劣汰；第三，强化产品设计，立足于不同的水体类型，以旅游产品的环境效应评估为标准，以生态环境保护为前提，要根据水利旅游目的地条件，针对市场需求科学规划设计刺激挑战型江河湖“面”旅游产品、人文体验型江河湖“面”旅游产品、娴雅舒适型江河湖“面”旅游产品以及温泉养生型休闲度假旅游产品等。；第四，严格保持水利风景区生态环境容量与旅游开发活动的协调统一，在保护的前提下实施开发，通过科学有效开发促进生态保护，实现开发与保护的有机统一；第五，加强对景区游客和从业人员的生态环保意识教育与生态旅游方式的引导；第六，加强对水利旅游基础设施、游乐设施及服务设施的监督与管理，确保水安全和安全；第七，大力发展生态产业，推进调整与优化区域产业结构，积极探索创新流域生态补偿机制，妥善处理库区搬迁安置的失地农民，通过拓展休闲旅游产业实现扩大就业，切实有效维护这些原住民的切身利益；第八，要大力创新与应用推广生态旅游方式与低碳旅游技术，依靠科技进步大力发展文化旅游与乡村旅游，丰富水利旅游产品，壮大水利旅游产业；第九，科学发展水利旅游，积极创建山水城市，追求"山清水秀景美城丽文化璀璨"，大力推进水利融合发展努力创新"水利+"模式，把切实提高人民群众生活品质作为重要目标。

三是拓展养生旅游，繁荣水文化与水经济。一流的水质，是实现品质生活和开展养生旅游的重要保障。养生旅游作为融合养生文化、养生产业和生态旅游方式为一体的一种体验式旅游形式。它与国际上近年来所提倡的健康旅游和医疗旅游有着重要区别。养生旅游更注重卫生的源头、过程和主动预防。从一定意义上说养生旅游可以涵盖健康旅游和医疗旅游。更为重要的是，养生旅游不仅渗透着深厚的中国传统养生文化积淀，而且承载着高度发达包括中医中药在内的养生产业技术基础。

水利风景区是发展拓展水利产业与发展养生旅游的重要载体之一。一流的水质、优美的环境、健康的生态、璀璨的文化、繁荣的经济、可口的美食以及和谐的社区，这些都是养生旅游必不可少的重要内容。这也正是水利风景区六大功能（维护水工程、保护水资源、改善水环境、修复水生态、弘扬水文化、发展水经济）的目标诉求高度一致的体现。

养生旅游与生态产业、生态文明以及贯彻科学发展观高度相关，必将有效促进水利风景区的生态产业、循环经济、生态旅游和生态文明以及和谐社会的构建，因而意义特别重大。

结　语

"水利+"及水利旅游融合体等理论探索，为水利风景区实现水科学发展和推进生态文明建设，拓展了新思路，探索了新途径，创建了新模式。乐山、临沂、衢州以及景宁的实践经验证明，依托水利风景区，大力发展"水利+"培育新的增长极，积极打造水利旅游融合体、推进水科学发展、建设生态文明，具有重要的现实意义。我们坚信，水利风景区实施"水利+"融合发展大有作为。

参考文献

[1] 邹秀萍，詹卫华，黄利群，等. 制度创新是水生态文明建设的关键[J]. 水

利经济,2015(2):43－47,77.

[2] 郑志平. 以水利风景区建设带动乐山旅游转型升级——打造中国·乐山水公园 构建乐山城市主题[J]. 中共乐山市委党校学报(新论),2015,17(1):88－91.

[3] 徐世鹏,刘莹莹. 临沂市城市水利风景区对全国水生态文明城市建设的推动作用初探[J]. 水利发展研究,2015(7):17－19.

水利风景区发展模式创新研究

——以浙江为例

东海之滨的浙江省,大禹治水文化源远流长,也是“绿水青山就是金山银山”理论的发源地。新时期,为促进人水和谐,全面推进生态文明,浙江省坚持实施八八战略,率先践行“两山理论”,全面建设“两美浙江”。浙江省在全国较早成立浙江省水利风景区专家委员会,编制与实施《浙江省水利风景区建设规划》,在大力发展生态水利、民生水利与旅游水利方面成效显著,先后建成了27个国家级水利风景区。

浙江广大干部群众对科学治水具有比较深刻的认识。水是生态之基、生命之源、生产之要。2013年以来,浙江省委省政府将“五水共治”作为“倒逼转型”和“惠及民生”的重要抓手,并创建了“河长制”“河警制”,强化考核监管,成效十分显著,也极大地推进了水利风景区的建设与发展。国家级水利风景区,理应成为浙江“五水共治”示范区。我们必须注意到,从总体上来看,浙江省国家水利风景区建设还存在几个突出问题:一是水利风景区发展模式创新以及示范工程建设,没有引起足够的重视;二是水利风景区知名度不高,社会影响力不够大,与国家水利风景区的品牌也不相称;三是水利风景区的产业融合发展路径需要创新与突破。这些问题迫切需要深入研究。

一、旅游融合体理论探讨

人类依水而居,城市因水而建,产业因水而兴。文化是人类在社会历史发展过程中所创造的物质财富和精神财富的总和。产业是具有某种同类属性的经济活动的集合或系统。旅游是一定社会经济条件下的一种人类社会经济活动,它表现为人们以寻求新的感受为主要目的,离开常住地的一种综合性物质文化活动。从文化属性来看,旅游活动与产业经营在本质上是一种文化活动,具有文化特性的经济产业亦属于文化活动的范畴。文化产业是指以满足人们对文化需求为目标,按照工业标准,生产、再生产、储存以及分配文化产品和服务的一系列活动。文化旅游是以旅游与文化的融合,感知、了解和体验人类文化具体内容的行为过程。产业旅游是旅游产业的一种类型,它包括农业旅游、工业旅游、水利旅游及文化产业旅游。

所谓旅游融合体,是指在特定空间范围内,依托绿水青山的优美自然生态环境、具有文化价值的优秀人文资源和具有品牌价值的优势产业资源的集聚整合为旅游吸引物,依据融合发展、绿色生态、创新驱动、主客共享及联动辐射的原则,以文化体验、休闲娱乐、度假养生为导向,以打造能够满足游客"吃、住、行、游、购、娱、商、体、养"九大需求的复合型旅游产品为核心,以促进当地社会经济文化生态协同发展为目标,"文化、产业、旅游"三元融合的多功能、多业态、深内涵、重体验的融合发展集聚区。

旅游融合体集聚三大类旅游资源的优势,突出的是旅游吸引物的高品质条件。旅游吸引物是旅游活动的客体,其品质的优劣关系到旅游吸引力的大小,甚至关系到旅游规模的大小。优美的自然环境、优秀的人文资源以及具有优势的品牌产业作为高质量的旅游资源,符合现代社会注重生态文明、健康发展、文化体验的要求,是打造旅游融合体的基础支撑。文化产业旅游融合体坚持以市场需求为导向。游客是旅游活动的主体,其对旅游的需求早已不再停留于"走马观花",而是向着文化体验、休闲娱乐与度假养生转变。没有需求就没有市场,旅游融合体不能脱离游客对旅游活动的需求。因此,旅游融合体必须依据市场需求,更加全面地提供能满足游客在吃、住、行、游、购、娱、商、体、养等方面需要的复合型旅游产品。

旅游融合体是对旅游综合体的创新提升,创建旅游融合体除了要遵循融合发展与绿色生态的基本原则之外,更要遵循创新驱动、主客共享和联动辐射的原则。创新驱动侧重旅游机制的创新,以文化引领、产业推动为核心驱动旅游发展。主客共享强调当地居民与游客的资源共享。联动辐射要求各个事物之间互相关联带动,产生辐射效应。依靠产业推动文化、旅游的发展,依托文化增添产业、旅游的内涵,借助旅游实现文化、产业的传播。水利旅游融合体,整合文化、水利产业、旅游优势于一体,能极大的拓展旅游功能、丰富旅游业态、提升旅游内涵。水利旅游融合体关注与当地的社会经济、文化生态协同发展,更具公益性,更符合社会发展要求。

如今,二元融合模式已经跟不上社会快速发展的步伐,“互联网+”“旅游+”等概念被相继提出,其本质就是互联网、旅游与其他业的相互融合,强调了融合的多元化。为迎接“旅游+”的新时代,创建“水利+”的新未来,我们提出“四元融合”,打造水利旅游融合体即“文化、产业、水利、旅游”融合体。文化是旅游的灵魂,产业是旅游的依托,水利是旅游的载体,旅游是产业转型的途径。集聚文化、产业、水利、旅游的优势,大力发展旅游业、弘扬优秀文化、促进产业转型,是四元融合最重要的作用,也是最主要的目的。根据旅游融合体概念,我们结合浙江省近年来国家水利风景区建设与发展实践,构建浙江“水利+”旅游融合体模式。

二、浙江水利风景区建设发展的三种模式

(一)自然与城市河湖复合型畲乡绿廊模式

该水利风景区位于全国唯一畲族自治县、华东唯一民族自治县。景宁畲族文化氛围日渐浓厚,畲族风情将成为畲乡景宁经济社会腾飞发展和各项事业发展的“助推器”。畲乡绿廊水利风景区的创建也将紧紧围绕“畲族文化总部”发展目标和“中国畲乡、小县名城”的县域定位,借“畲族文化资源”发展“水利风景旅游”事业,融“畲族风情”于“畲乡绿廊水利风景区”创建之中,共同推进畲乡生态休闲养生(养老)业发展。在景区发展规划中,畲族元素与山水元素等同布置,坚持文化引领,充分挖掘和弘扬传统建筑、民族及山水文化,以打造小而特、精而美的“中国畲乡、精致景宁”品牌为目标。畲乡生态滨水绿道,依托千峡湖库尾河道沿岸丰富的山水、文化资源,集旅游、休闲、文化、运动、商业为一体;鹤溪河桥城防工程河道修建橡胶坝,增加蓄水面积,形成人工湖美景,水边设置亲水步道、平台、廊桥、滨水建筑物等,这都是水利工程与乡村休闲完美结合的表现。游客们或结伴同行,或独自上路;或在水桥嬉戏,或在木屋憩息;游客在绿道上漫步,可一边欣赏周边的山水景观,一边体会畲乡浓郁的民族风情,形成一幅休闲祥和的美丽图画。

凤凰古城全国畲族文化总部及全国少数民族工艺博览城建设进一步促进人水和谐。畲族文化是景宁的重要民俗风情,也是景宁发展旅游的最大特色资源。据记载,早在唐永泰二年(公元766年),畲族先祖就带领族人从福建罗源迁入景

宁,与汉族兄弟共同生活,迄今已有1200多年的历史。长期以来,畲族歌舞、服饰、语言、习俗等畲族民族传统特色文化得到较好地传承和发展。特别是畲族自治县设立以来,畲族风情得到了进一步发扬和挖掘,现拥有国家级非物质文化遗产名录2项,省级名录19项,市级名录33项,被文化部命名为"中国民间艺术之乡(畲族民间歌舞)"。一年一度的"中国畲乡三月三"活动成为畲乡重要民族文化窗口,被国际节庆协会评为"最具特色民族节庆"。大型畲族风情舞蹈诗《千年山哈》于2012年代表浙江省参加第四届全国少数民族文艺汇演,并获得表演金奖。这些荣誉预示着外舍凤凰古城的水上实景表演拥有十分广阔的市场前景。

国际水电文化中心的建设与运营,使丽水水文化辐射力显著增强。景宁水资源开发历史悠久,利用广泛,水电发展规模十分庞大。小水电是景宁最大的无烟工业,是绿色经济的一个重要组成部分。2004年,水利部授予景宁畲族自治县"中国农村水电之乡"称号,形成了景宁特色小水电文化。全县现建有小(2)型以上水库44座,其中中型水库3座(英川、上标、白鹤水库),小(1)型水库9座,小(2)型水库32座。小山塘186座,其中1万-10万m^3之间的山塘86座,0.2万-1万m^3山塘100座。景宁水电人还把目光瞄向中西部,去贵州、云南等水资源丰富的地区建立水电站。贵州装机7500千瓦的榕江电站、湖北五峰土家族自治县投资1.8亿元的天池河电站,都是景宁人投资建设的。畲乡绿廊水利风景区规划创办"国际小水电培训基地",向全世界推广中国小水电文化、普及水电科技以及输出小水电行业的开发管理模式,并运用图片、模型、多媒体、电影以及综合技术集中展示景宁乃至全国小水电发展历史与成就,从而形成强劲的对外辐射能力,大力建设全域化的旅游大景区,促进人水和谐发展。

(二)衢州乌溪江水利博览园模式

浙江衢州乌溪江水利风景区是第十批国家级水利风景区,是我国东部亚热带水库型水利风景区的典型代表,属于Ⅰ类水质水源地保护区,对衢州市社会经济发展和生态保护发挥着至关重要的支撑作用。它的周边集聚着紫薇山国家森林公园、乌溪江国家湿地公园、药王山国家4A级旅游景区、烂柯山—乌溪江省级风景名胜区等众多著名旅游品牌,几乎所有功能类型的水利工程在此集聚。乌溪江是我国流域梯级水利开发最完备的河流之一,是名副其实的"中国水利博览园"。在不到150平方公里的土地上,集中了黄坛口水库、湖南镇水库、灌溉金衢盆地的乌引工程(东、西干渠)以及青石古堰等著名水利工程。据《民国衢县志》记载,衢江区有名称的堰坝共146处,分布在乌溪江、下山溪、芝溪和铜山溪等江溪上,其中南宋时兴建的乌溪江石室堰为较早见于史籍的一处。这些水利工程涵盖了水利枢纽、反调节、发电、供水、跨流域引水、灌溉干渠闸桥以及抽水蓄能等众多功能类型,是我国水文化实体型科普教育基地和水利工程类专业实践教学不可多得的理想场所。

黄坛口水库是新中国第一个中型水电站,被誉为"水利工程师的摇篮"。乌溪江引水工程,所形成的"乌引精神",曾广为流传,激励着一代又一代水利人创新创业,为国家富强和民族振兴做出巨大贡献。这些水利工程,对衢州市及浙中西部地区推进科学发展和建设生态文明发挥着越来越重要的作用。如今,围绕建设国家级水利风景区,这里大力推进"五水共治"与转型发展。保护区内禁止养畜禽,从制度和机制建设层面,实施最严格水资源管理,积极推进水生态文明建设。健全水源地生态保护制度,完善区域滑坡泥石流防治技术规程及水土保持制度。制定与实施"生态养生林业""洁水渔业"技术规范及(渔业合作社)经营管理制度,形成一套产业技术规范及相应的经营管理制度,为生态养生旅游发展提供坚实的物质技术保障。提倡"抓治水是本职,不抓治水是失职,抓不好治水是不称职"。注重强化群众环境保护和生态教育,废弃"谁破坏,谁治理;谁建设,谁受益"等传统口号,率先倡导"保护生态环境是责任,建设生态环境是义务,破坏生态环境是犯罪"理念。正是实施了最严格和最有效的环境管理制度,今天的乌溪江依然属于国家Ⅰ类水质的水源地。这里景区动植物资源丰富,利用乌溪江发展"洁水渔业"成效显著,鲟鱼养殖享誉海内外。有机茶、香菇、木耳等农林产品,品质一流。当地还制定全流域生态养生产业发展战略、空间布局及产业链发展规划,注重产业、旅游融合发展,着力延伸区域产业链,促进区域核心竞争力提升。植物精气、负氧离子是生态养生的两大重要资源,当地根据森林生态系统的植被类型和水文特征,界定出植物精气和负氧离子的空间分布特征,配套设计相应的养生旅游产品体系,推动传统的"森林人家""渔家乐""农家乐"转变为生态养生庄园(养生馆),实现转型升级。同时,景区内的湖南镇和黄坛口乡,正积极培育新型产业,推进科学发展,建设生态文明,实施新型城镇化。

按照发展规划,湖南镇的发展定位是生态旅游特色风情小镇,重点发展生态休闲养生度假旅游。黄坛口乡的发展定位是养老养生文化旅游镇,重点发展养老服务和养生美食旅游,将"生态移民、下山脱贫"与拓展新型旅游产业结合起来,推动当地农民脱贫致富奔小康。

（三）水库与城市河湖复合型桐庐富春江模式

桐庐富春江水利风景区位于富春江上游的桐庐县境内，是黄公望“富春山居图”的主体实景之一。富春江水力发电厂地处浙江省桐庐县境内，位于钱塘江中游富春江七里垅峡谷出口处，是一座低水头河床式日调节水电站，水库正常蓄水位23m，库容4.4亿m^3，总装机容量29.72万kw，多年平均发电量9.23亿kwh，主要担负华东电网调峰、调频及事故备用任务，同时，还具有航运、灌溉、水产养殖、旅游、防洪及城市供水等综合效益。富春江水电站于1968年建成发电，总装机容量约29万kw，水库库容为4.4亿m^3；主要建筑物包括河床式厂房、重力式溢流坝和船闸等。

这里的富春镇是名副其实的水利制造业品牌集聚区，拥有以浙富集团上市公司为代表的制造水电轮机产业。浙富控股集团股份有限公司（简称浙富控股）是一家集团化运作、多元化布局、国际化经营的上市公司，旗下拥有多家子公司，业务领域涉及水电、核电、油气等诸多板块，目前已成为“以水电设备为核心，核电设备、特种电机为重点，国际经营与新兴产业战略投资协调发展”的大型企业集团。

令人称奇的是桐庐富春江出境水质优于入境水质。这充分说明桐庐富春江的自净能力和环境保护力度堪称一流。富春江上，七里扬帆水上旅游，富春江两岸都市生态休闲以及滨水慢生活示范区，闻名遐迩。近年来桐庐还先后荣获国际花园城市、中国最美县城、全国文明县城、国家园林县城等称号。

在桐庐富春江水利风景区的江南江北发展各有侧重。江南新城，突出的是现代服务业和新型居住概念的结合。从国家级森林公园大奇山脚的杭新景高速桐庐出口下，沿着迎春南路往北，鳞次栉比的大楼颇有上海陆家嘴的感觉。这就是桐庐江南新城迎春商务区，拥有立山国际中心、浙富大厦、中艺大厦等20多幢商务楼，是桐庐最重要的经济集聚区。截至2014年11月，累计入驻企业567家，被评为浙江省现代服务业集聚示范区。而在江北老城，结合“三改一拆”，正在实施浮桥埠、开元街等区块改造提升，通过老旧小区、物管提升、里弄小巷、老旧住宅改造等“四改联动”，实现老城区有机更新。

桐庐城市建设还有一大亮点，就是依托国家级水利风景区富春江推进产城融合。刚刚开建的富春山健康养生城，规划总面积38.5平方公里，以健康养生服务业为核心，规划形成“一城六区，多组团支撑的星座式”结构，成为一个生态健康产业旅游融合体。2014 年成立的富春江科技城,是杭州科技西进、文创西进,提高创新型经济发展能力的主战场。在它影响下,桐庐科技型企业招引和人才集聚也步入快车道。目前,浙江工商大学已开工建设,中国美院桐庐校区、上海瑞金医院桐庐分院有望落户。此外,桐庐还在富春江镇芦茨村建设首个乡村慢生活体验区,芦茨、茆坪、石舍三个古村的慢饮食、慢读书、慢创作、慢运动、慢旅游等慢节奏生活正吸引着越来越多的游客。

三、提升水利风景区的对策与建议

一是提高科学认识,丰富水科学发展内涵。浙江人在长期的生产实践中积累了丰富的治水经验,并以习总书记关于“节水优先、空间均衡、系统治理、两手发力”的科学治水思想为指导,总结形成了一套治水理论及一整套规范程序与工作方法,具体内容包括:

一个生命共同体:山水林湖田是一个生命共同体。

两山理论:绿水青山就是金山银山。

三大水利:民生水利、生态水利、旅游水利。

四个协同:建一项工程、成一个景区、带一片城乡、富一方百姓。

五水共治:治污水、抓节水、防洪水、排涝水、保供水。

六大功能:维护水工程、保护水资源、改善水环境、修复水生态、弘扬水文化、发展水经济。

二是完善景区管理,积极推进水融合发展。深化体制改革,健全水利管理体系。新形势下,水利风景区管理必须克服条块分割、多头管理与效率低下的困局,按照“四个全面”和“五位一体”战略要求的寻求突破。我们认为,贯彻落实国家公园体制,是彻底解决水利风景区管理体制的根本出路。加强科技创新,促进水利科学发展。水利风景区建设与发展,需要依靠包括生态科技、生物科技及信息科技等在内的科技,还需要创意设计,打造新模式、新业态、新产品和新体验,才能实现可持续发展。深化融合发展,提升水利服务功能。加强资源整合,构建水利旅游融合体。进一步明确山水城市目标导向,提升山水城市生态系统健康水平,优化山水城市和美丽乡村的海绵功能,提升减灾防灾能力,全面推进区域生态文明。

三是坚持示范引领,促进水利风景区提升。第一,明确目标导向,建立健全激励机制,实施示范工程,铸造景区品牌,引领水利风景区全面发展;第二,强化监管力度,严格管理,动态考核,优胜劣汰;第三,强化产品设计,立足于不同的水体类型,以旅游产品的环境效应评估为标准,以生态环境保护为前提,根据水利旅游目的地条件,针对市场需求科学规划设计刺激挑战型江河湖“面”旅游产品、人文体验型江河湖“面”旅游产品、娴雅舒适型江河湖“面”旅游产品以及温泉养生型休闲度假旅游产品等;第四,严格保持水利风景区生态环境容量与旅游开发活动的协调统一,在保护的前提下实施开发,通过科学有效开发促进生态保护,实现开发与保护的有机统一;第五,加强对景区游客和从业人员的生态环保意识教育与生态旅游方式的引导;第六,加强对水利旅游基础设施、游乐设施及服务设施的监督与管理,确保水安全和安全;第七,大力发展生态产业,推进调整与优化区域产业结构,积极探索创新流域生态补偿机制,妥善处理库区搬迁安置的失地农民,通过拓展休闲旅游产业实现扩大就业,切实有效维护这些原住民的切身利益;第八,大力创新与应用推广生态旅游方式与低碳旅游技术,依靠科技进步大力发展文化旅游与乡村旅游,丰富水利旅游产品,壮大水利旅游产业;第九,科学发展水利旅游,积极创建山水城市,追求“山清水秀景美城丽文化璀璨”,大力推进水利融合发展,努力创新“水利 + ”模式,把切实提高人民群众生活品质作为重要目标。

四是拓展养生旅游,繁荣水文化与水经济。一流的水质,是实现品质生活和开展养生旅游的重要保障。养生旅游作为融合养生文化、养生产业和生态旅游方式为一体的一种体验式旅游形式。它与国际上近年来所提倡的健康旅游和医疗旅游有着重要区别。养生旅游更注重卫生的源头、过程和主动预防。从一定意义上说养生旅游可以涵盖健康旅游和医疗旅游。更为重要的是,养生旅游不仅渗透着深厚的中国传统养生文化积淀,而且承载着包括中医中药在内的高度发达养生产业技术基础。

水利风景区是发展养生旅游的重要载体之一。一流的水质、优美的环境、健康的生态、璀璨的文化、繁荣的经济、可口的美食以及和谐的社区,这些都是养生旅游必不可少的重要内容。这也正是水利风景区六大功能(维护水工程、保护水资源、改善水环境、修复水生态、弘扬水文化、发展水经济)的目标诉求高度一致的表现。

养生旅游与生态产业、生态文明以及贯彻科学发展观高度相关,必将有效促进水利风景区的生态产业、循环经济、生态旅游和生态文明以及和谐社会的构建,因而意义特别重大。

县域生态文明建设模式创新研究

——以浙江省武义县为例

推进生态文明,是人类社会持续发展的根本保证。县域生态文明建设模式的探索与创新,具有重要的现实意义。本文结合全国生态旅游示范县——浙江省武义县实际,按照生态文明的科学内涵与“五位一体”的根本要求,构建了县域生态文明建设的指标体系,并着重就县域生态文明建设的生态文化科技支撑、制度保障和示范项目等内容进行了深入探讨,试图为全国类似地区的生态文明建设提供可资借鉴的成功经验。

2015 年 5 月 5 日中共中央、国务院日前印发《关于加快推进生态文明建设的意见》。作为当前和今后一个时期推动我国生态文明建设的纲领性文件,意见明确了生态文明建设的总体要求、目标愿景、重点任务和制度体系。为确保新常态下全国生态文明建设顺利推进,县域生态文明建设模式创新研究具有重要的理论意义和应用价值,值得深入探讨。

一、县域生态文明建设的指导思想

全面深刻领会习近平同志系列讲话与深刻理解新常态理论,概括地说:一带一路,二个共同体(生命,命运),三严三实三凡是,四个全面四大平台,五位一体五化战略。

全面深刻把握生态文明科学内涵,同时遵循社会经济自然三大规律。生态文明是人类遵循人、自然、社会和谐发展这一客观规律而取得的物质与精神成果的总和;生态文明是以人与自然、人与人、人与社会和谐共生、良性循环、全面发展、持续繁荣为基本宗旨的社会形态。坚持转变发展方式,统筹协调绿色崛起,促进科学发展、民族团结与社会和谐，意味着我们要像当年废弃“以阶级斗争为纲”那样，尽快废弃“以经济建设为中心”的国策。

为了适应新形势下党中央国务院关于不过度追求速度和规模、要更加重视经济发展质量和效益、促进社会公平和正义、建设生态友好型社会的执政理念和方针，花大力气推动县域生态文明建设模式创新，势在必行。

二、县域生态文明建设指标体系构建

县域生态文明指标体系构建，遵循新常态理论、贯彻“五位一体”原则。

一级指标 5 个，二级指标 24 个。具体内容如下：

表 县域生态文明建设指标体系

指标	二级指标	关键内容及目标诉求	主要支撑点/观察点
政治	统筹协调	领导小组大部制改革、功能区规划	旅游综合改革试点、协同创新
	廉洁政府	清廉指数，阳光财政	违纪腐败案件发生率；三公消费比例
	政府效能	政府职能转换、机制创新	管理职数配比、服务质量提升、“四单一评”
	科学决策	科学决策、咨询规划决策程序	决策咨询委员会；科学规划、多规合一
	法制建设	四个全面	责任追究、绩效评价
	民主建设	民主制度建设	政治协商、多党合作、民族自治
经济	产业经济	现代农业、新型工业	转型升级、特色发展
	服务经济	现代服务业、互联网 +	区域物流中心、跨境电商
	生态经济	生态旅游、生态农业	生态（有机）品牌企业、品牌产品
	体验经济	文化体验、养生旅游	养生旅游产业体系、国际养生产业博览会
文化	生态文化	生态学校、生态教育生态社区、文化生态	地方特色文化、民族民俗文化、文化中心、文化基地；非遗保护、文物保护、生态保护
	核心价值观	务实求真、公平正义	教育水平、公德水平
	山水城镇	五美融合、生命共同体	温泉小镇、精致城镇、景区全域化

续表

指标	二级指标	关键内容及目标诉求	主要支撑点/观察点
文化	文化产业	文化创意、文化旅游 文化体验、文化融合	民俗节庆、旅游节庆、体育产业、创意产业 文化艺术产业、文化创作;产业融合
	文化创新	文化创新平台与载体	科研机构、文化平台活动项目
社会	社会和谐	新型城镇化、均衡发展、全面小康	生态旅游全域化、全面小康
	社会民生	就业、住房、教育、卫生	就业率、义务教育、医疗保险、住房保障
	文明风尚	崇善好学、开放包容	社会稳定有序、文明示范单位
	社会组织	民间组织、中介机构	民间科研组织、民间社会服务组织
	社会治理	民族团结、社会和谐、科学发展	民主制度建设后陈模式、生活品质明显提升
生态	绿色发展	绿色化、环境保护、污染物控制	绿色崛起、绿色产业规划、红线控制
	低碳发展	减少碳排放、单位 GDP 能耗	生态工业园、废弃物利用;能耗指标明显好转
	循环发展	资源高效利用、单位 GDP 水耗	循环经济、新能源利用、水耗指标明显好转
	生态补偿	生态系统服务功能、生态系统价值	生态功能区、主体功能区、生态补偿制度

依据这个指标体系,设置因子权重,我们可以构建县域生态文明的评价模型。

三、县域生态文明建设"武义模式"

武义县,从一个经济欠发达县,一跃成为全国"百强县"。近日,中国社会科学院财经战略研究院在京发布《中国县域经济发展报告(2015)》,武义县入选最具竞争力百强县和最具发展潜力百强县。34 万人口规模,2014 年近 200 亿元地区生产总值、600 多亿元工业产值、近 30 亿元财政收入、300 多亿元存款、100 多亿元投资,这样的经济结构效益,在全中国应该是不多的。近年来,武义县充分发掘生态、温泉、人文等资源禀赋,实施生态景区全域化,构建养生旅游高地,推进生态经济大发展,生态文明建设走在全国前列,经济社会实现科学发展、赶超发展。

目标愿景:中国温泉名城、东方养生胜地。

政治文明:基层民主制度"后陈经验",实现阳光监督、村民做主与和谐发展。实施"四单一评"(干事清单、创新清单、绩效清单、监督清单和公开评议)。创设省级旅游综合改革实验区。积极探索大部制。"生态立县、科技兴县、工业强县、旅游富县" 区域战略。

文化繁荣:传统文化(唐代叶法善养生文化陈氏太极拳、宋代浙东学派明招文化陈亮事功学说、元代延福寺佛教文化、十大系列博物馆)。现代文化(武义精神、乡村晚会、养生旅游高峰论坛、温泉养生节及国际养生博览会)

社会和谐:"五美融合"的山水城市、生态乡(镇)、生态村。美丽武义、精致武义、品质武义、养生武义及超市武义。旅游全域化。

经济发展:中国养生旅游示范区、中国有机茶之乡、中国温泉之城、有机国药基地、国际养生产业博览会、十大养生产业体系。全国生态旅游示范县、全国生态旅游培训基地。

生态健康:"山水林湖田"生命共同体。主体功能区与绿色崛起。绿水青山就是金山银山。

四、武义县生态文明建设的重要启示

(一)政治改革与政策

创新发展社会主义民主制度"后陈经验",实施"四单一评"机制,是生态文明建设有效保障。贯彻"大部制",成立"领导小组",强化跨部门协同创新对于生态文明建设至关重要。要实施最严格资源环境和水资源保护,加快实施红线和绿线管理制度和生态补偿制度。

(二)经济转型与升级

科技创新与转化,构建基于文化体验的养生产业技术体系。贯彻科技强县战略,成立"有机国药""有机茶""养生温泉"等系列民营研究院;大力推进生态科技,依靠科技创新全面推进包括生态工业、有机农业、生态旅游、养生旅游等在内的循环经济和服务体验经济。

(三)文化建设与发展

大力发展生态文化,推进普及生态科技,积极探索文化发展的新业态、新产品、新体验与新模式。

核心价值体系、生态文化、乡村风水林。村晚,又称乡村春晚,非物质文化遗产活化机制,实现(送、种、办、创)功能平台的整合与提升。

强化文化创意推动乡村旅游发展,要实施“六步法”:选主题精定位,循文脉聚人气,办会展强势场,做载体抓落地,造意境深体验,拓产业谋效益。

(四)社会和谐与进步

全心全意为人民服务。要充分保障和坚决维护群众的利益,为当地居民争取更多的发展机会。贯彻“四个全面”,全面依法治国。决不能短期行为,为了发展经济,借“招商引资”低廉出让宝贵资源。行政区与功能区关系需要进一步优化。严禁“法外开恩”搞特殊化“一事一议”。积极探索与实施国家公园体制。推进开发区与行政区合并,桐琴镇和温泉小镇的“政区合一”治理经验值得借鉴。建立健全激励机制,推动文化旅游产业融合发展。生态文明村、长寿村、特色生态旅游镇,推动区域新型城镇化。

(五)生态保护与利用

花大力气维护生命共同体,决不能因为经济发展而破坏生态环境,也不能因为要保护生态环境而限制人的发展。坚持以人为本、统筹协调、科学发展,切实编制并贯彻实施《主体功能区规划》与《绿色产业发展规划》,全面推动绿色崛起。大力营造与发展生态文化,全面推进生态文明。要按照建设生态文明和新《环境保护法》相关文件精神,创新宣传口号:保护生态是责任、建设生态是义务,破坏生态是犯罪。抓好生态是本职,不抓生态是失职,抓不好生态是不称职。

结　语

县级政权我国重要的基层政权,县域复合生态系统是完整的生态地理结构单元。县域生态文明建设是全国生态文明极具重要意义的基础工程,值得深入研究。武义模式是新常态下的生态文明建设的一个成功案例,也是一个欠发达县域生态文明建设实现跨越发展的成功探索,对全国乃至国际类似地区生态文明建设具有重要借鉴意义。

推进武义绿色崛起转型发展的若干建议

武义坚持"生态立县、工业强县、旅游富县"战略,依托中国有机茶之乡和温泉名城,大力发展养生(养老)旅游,努力推动转型发展。新形势下,武义县委、县政府积极探索生态文明"五位一体",明确提出绿色崛起战略,扩大有效投资,推进全域生态化,建设两美武义,谋求转型发展,具有重要战略意义。

一、绿色崛起,是武义转型发展的必由之路

绿色崛起是建设生态文明的必然要求,是坚持科学发展观主题、转型升级主线、生态文明五位一体路径的必由之路。绿色崛起,要求发展绿色 GDP,强调生态保育,注重生态补偿。努力创建资源节约型社会、环境友好型社会。绿色崛起的内容,还包括目标层面:和谐发展、特色发展、持续发展;技术层面:绿色发展、循环发展、低碳发展; 制度层面:融合发展、创新发展、转型发展。

积极创建"两美武义"是武义县委县政府的战略决策。实施绿色崛起,必须贯彻"三同时",即:同时遵循经济规律的科学发展、同时遵循社会规律的包容发展、同时遵循自然规律的持续发展。为此,必须加强政策保障:要努力构建生态文明制度体系,积极创建全国生态文明示范县。深入研究并出台生态补偿政策(人才补偿)、农村土地流转政策、投资金融政策及民生保障政策等。深化改革,首先要深刻转变思维观念和行为习惯。发展是硬道理,从追求"增量",到追求"优化"。注重强化"系统管控"(克强经济学),协同创新、统筹协调。经济改革,注重转型发展——新型城镇化、战略性新兴产业与体验经济。政治改革,注重创新体制、机制与政策。实施区域主体功能区规划,全面行政区与功能区关系。体制层面,贯彻大部制。机制层面,注重创新驱动,向改革要动力。政策层面,注重融合发展与

生态补偿(人才补偿)。

实施绿色崛起,勇于担当使命。浙江敢为人先,致力于创新体制机制,先后涌现了"双保双挂""财务决算中心""大部制联席会议制度"及"异地开发"等系列化的浙江经验。新形势下,武义需要再创造新优势、探索新经验,为丰富与发展浙江经验贡献力量。2012 年中国生态文明研究与促进会第二届(珠海)年会上,张新宇县长专题介绍了武义生态产业与养生旅游发展典型经验,受到与会专家一致好评。大力发展健康服务业,以养生(养老)旅游为主体的体验经济,是武义实施绿色崛起、谋求全域生态化、实现特色发展和跨越发展的重要路径。通过构筑"生态高地"全面推动产业结构优化升级,形成以绿色农业为基础、循环工业为突破点、绿色现代服务业为重点的绿色产业体系,加快实现"生态家园,养生胜地"战略目标。努力创建全国生态文明示范县、科学发展新高地及转型发展实验区。争创国家体验经济示范区(健全与完善养生旅游服务体系)、争创国家主体功能区建设示范区(县－乡－村。针对关键问题展开)、争创国家旅游综合改革示范区(创建养生文化总部,牢牢把握养生旅游的制高点,发挥引领作用)、争创国家山水城市试点示范区(依托国家级水利风景区,提升武川品质)。大力发展养生养老、健康服务业,并作为武义旅游"再出发"的产业重点。

二、武义绿色崛起的优势与条件

生态环境质量优越。全县森林覆盖率 72.1%,空气质量优良率 90% 以上。河流属钱塘江和瓯江两大水系,落差较大的地形形成了丰富的水力资源和众多壮丽的瀑布景观,75% 的地面水达到Ⅱ类水质标准。2008 年,武义县被浙江省政府命名为全省首批生态县。

生态科技比较发达。武义构筑"生态高地"全面推动产业结构优化升级,加快实现"生态家园,养生胜地"战略目标,必须以制度创新、产业结构创新、产业链创新、技术创新、管理创新、产品创新、品牌创新、营销创新等全方位、多维度的绿色创新为驱动力,形成以绿色农业为基础、循环工业为突破点、绿色现代服务业为重点的绿色产业体系。2012 年武义县科技进步综合评价位次从上年的第 61 位跃居至浙江省第 46 位,前移 15 位;在金华 9 个县(市、区)排永康、义乌、婺城之后,列第 4 位。武义县要发挥综合创新能力较强的优势,加快绿色产业合理布局、绿色产业链构建和绿色产业项目实施。

养生体验旅游顺应时代潮流。改革开放以来,商业—房地产—制药业—养生旅游,高利润行业热点是不断转换的。武义主动顺应潮起潮落和市场热点转换,努力实施跨越发展。中国已经开始步入老年社会。2014 年 4 月 25 日政治局会议研究出台促进养老、健康服务业的若干政策问题。养生旅游健康服务业——已经开启的高利润行业。

武义"生态高地"空间格局已城雏形。按照"生态武义,绿色崛起"的战略方针,以满足居民对"生态家园"的需求和游客对"养生胜地"的向往为绿色发展的总目标,提升全县城乡的自然生态和人文生态的内涵。县城深化"三山立城中、三水穿城过"的山水旅游城市特色,通过坚持精心规划、精品建设、精细管理,提升城市能级和品位。乡镇凸出东北部以桐琴为重心,泉溪、茭道、履坦为组团的绿色工业功能区;中部以王宅为重心,俞源、白姆为组团的生态农业与观光旅游功能区;西南部以柳城为重心,西联、大溪口为组团的生态休闲养生功能区。乡村以"古村落""长寿村""精品线"为主题,美丽乡村建设为契机,加强农村自然风光、人文风貌、农耕风情提炼与融合。城乡联动,政企协作,各界配合,把武义城乡建设成宜居宜游宜业、可永续发展的生态家园和养生胜地。构筑"生态高地"在注重建设牛头山国家森林公园、大红岩地质公园、温泉主题公园等旅游业态主题公园的同时,彰显城市生态和文化风貌的壶山、熟溪、南湖等生态文化主题公园也已经纳入议事日程。

有机农业全国领先。基本建成优质米、茶叶、山油茶等 12 条绿色有机农业产业带。武义有机农业全国领先,截至 2013 年底全县有机认证生产企业 28 家,获得有机认证证书 30 多张,有机颁证面积 3.7 万多亩,涉及 16 个种类优质农产品,"武阳春雨"茶是浙江省十大名茶、中华文化名茶、浙江省名牌产品,"桐琴蜜梨"获国家级绿色食品标志使用权,"武义宣莲"为国家地理标志证明商标,武义铁皮石斛是全国首个铁皮石斛国家地理标志产品。现代设施农业加快发展,已建成省级现代农业综合区 1 个、主导产业示范区 4 个、特色农业精品园 5 个、示范基地 45 个;建成粮食生产功能区 6.42 万亩。全县绿色农产品、有机茶和有机国药等品牌的市场知名度和美誉度越来越高。如寿仙谷药业公司本着"为人们的健康、美丽和长寿服务"的宗旨,通过铁皮石斛"仿野生"育种技术创新、灵芝"破壁"技术绿色创新和"名医名馆名药"绿色消费市场创新,打造"中国有机国药第一品牌"。全县涌现了更香茶业、田歌实业、乡雨茶业、兴森科技、海兴生物等一批知名的绿色农业龙头企业。

生态工业快速发展。深入实施“工业强县”战略，坚持做大总量与提升质量同步推进，2013 年实现工业总产值 590 亿元，其中规上工业总产值 441 亿元，实现工业增加值 79.58 亿元。集约集群发展特征日益明显，全县开发区和工业功能区累计建成面积 21.2 平方公里，进区企业 1752 家，竣工企业 1408 家，是中国旅游休闲产品出口基地、中国文教用品生产基地、中国电动工具制造基地、中国门业产业基地、中国扑克牌生产基地，武义特色装备产业集群 2013 年单独成为浙江省 42 个现代产业集群转型升级示范区之一。绿色创新驱动发展不断增强，全县已有省级技术中心 4 个、省级高新技术企业研发中心 3 个、省级工业设计中心 1 个，以企业技术中心为主要载体的企业绿色创新体系基本形成。如三美化工公司在全国率先实施“生态三美，绿色化工”战略计划，引进美国“杜邦安全管理体系”，环保与供应、生产、仓储、物流、销售全流程安全的各项指标达到国际领先水平，为全国化工行业转型升级和武义传统产业绿色改造做出了表率。全县涌现了神龙浮选公司尾矿砂制砖发展循环工业、业盛新型材料公司电镀无排放技术、浙江捷达油脂公司利用地沟油生产生物柴油等一批绿色发展的典型企业。目前，全县共有国家高新技术企业 17 家，市级以上创新型企业 10 家，已经有 92 家企业通过清洁生产企业审核，7 家企业被授予浙江省绿色企业称号。

养生旅游异军突起。着力打造“北部温泉度假、中部丹霞探古、南部生态风情”三大生态养生旅游板块，形成了“冬有温泉之温暖、夏有森林之清凉、春有农耕之风貌、秋有丹霞之奇丽”的生态特色养生旅游格局，先后荣获中国最具国际影响力旅游目的地、国家旅游名片、美丽中国 · 生态旅游（十佳）示范县、中国温泉养生生态产业示范区、长三角 100 个最佳旅游休闲城市和浙江省旅游经济强县、最佳休闲旅游胜地、首选避暑胜地、十大生态旅游名城、十大欢乐健康旅游城市、十大养生胜地等称号。目前，全县共有景区（景点）15 个，其中国家 4A 级景区 1 个、3A 级景区 3 个，有四星级酒店 2 家、三星级酒店 2 家，旅行社 16 家。2013 年，全县接待游客 491.2 万人次，旅游总收入 38.45 亿元；其中乡村休闲旅游接待游客 206.8 万人次、占全县总量的 42.1%，温泉旅游接待游客 62.5 万人次、占全县总量的 12.7%，牛头山国家森林公园的生态旅游接待游客 60.9 万人次、占全县总量的 12.4%。此外，异地超市、电子商务、贸易经纪等绿色商业模式渐成气候，绿色金融、绿色物流、绿色房地产、绿色物管、会计统计,以及才艺教育培训、艺术品交易等新兴绿色服务产业初露端倪。

三、实现跨越发展的若干建议

实施绿色崛起,扩大有效投资,实现跨越发展,武义需要重点抓好以下几个方面的工作。

(一)夯实基础,加快推进全域生态化。

以五水共治为手段,推动全域生态化,加快转变发展方式。要通过实施"乡镇主体功能区规划",构建战略空间支撑体系,推动新型城镇化产业集聚,引导规范系列化节点的建设,推动新型城镇化。

强化基础设施投入,扩大有效投资。首创"乡镇主体生态功能区"制度,坚持科学发展(全域生态化、功能分区、绿色发展主体定位),加快推动新型城镇化。要创建生态宜居城市和历史文化名城,打造"武川古城"。要创新投融资体制,充分彰显长安古堰、西溪环绕、小桥流水、长廊水榭、古街老宅,太极瑜伽、琴棋书画、茶道茶艺、昆曲婺剧、玉石根艺、香道花道、中医国药,以及婺窑、竹编、棕编等生态人文元素,提升武川品质。积极创建武义桐琴·循环经济实验区、柳城畲族镇·民族和谐发展实验区及王宅镇·养生体验旅游示范镇。加强俞源太极星象村、郭洞古生态村和山下鲍村的婺派清民建筑群保护,积极弘扬生态文化。以有机茶、有机国药与有机食品为重点,以新型养生旅游装备制造为方向,大力发展清洁生产、低碳技术、3R 技术,全面发展生态经济、循环经济与体验经济。武义,全面启动国家级生态文明示范区创建工程(进行大部制实验、减员增效,建立"院士工作站");积极探索制度创新,实施内外统筹,招商引资与内生发展并举,强调自力更生。

(二)抢占战略制高点,创建国际养生"文化总部"。

武义能否完成从观光旅游到养生旅游的历史转型,在很大程度上取决于武义温泉度假区建设的力度与品质。要以大思路、大手笔、大投入、大项目的理念重新修编温泉镇发展规划。积极创建"国际化养生旅游目的地",提升养生武义的国际竞争力。创建国际养生体验博览园(配套养生博览会)、积极打造绿色发展与体验经济的"武义模式";创建 20 个系列养生庄园、引进大学创建"养生旅游学院"。着重在以下几个方面创新浙江经验,比如,经济改革转型发展的经验:养生旅游新型城镇化、高新技术生态工业和高新循环农业;体制机制政治改革的经验:乡镇主体功能区制度、生态补偿制度及大部制联席会议制度;安居乐业和谐社会的经验:公共文化服务体系民生保障;融合发展协同创新的经验:智慧旅游、产业生态养生旅游;全产业链推进内生发展的经验:有机茶和有机国药等等。

(三)创建品牌,提升武义国际竞争力。

积极贯彻政治经济文化社会生态“五位一体”,创建“全国生态文明示范县”。全面实施绿色崛起,大力培育与发展“五个武义”,强化武义系列品牌建设。抢占战略制高点,创建“养生文化总部”。创建“国家养生体验旅游博览园”。依托中国未来研究会养生旅游专业委员会和“江南养生旅游文化研究院”,建立“院士工作站”、创建“国家级养生旅游协同创新中心”和“武义养生学院”,发表《中国养生旅游年度报告》,发布“养生旅游指数”,研究发布“养生旅游国家标准”。

以提高资源利用率、减少污染为导向,以中国有机茶之乡的循环农业、循环工业技术为支撑,积极创建“国家级循环经济示范区”。养生(养老)旅游“再出发”,积极创建“体验经济实验示范区”,全面促进武义体验经济发展与繁荣,加快推进武义健康服务业转型升级。积极创建武义熟溪河·国家水利风景区,率先争取水利部“全国山水城市试点示范区”,提升武义的精致品质。

完善机制:坚持美丽武义目标导向,深入贯彻全域化生态发展战略,全面实施县乡村“主体生态功能区规划”,建立绿色 GDP 绩效考核制度体系,优化生态补偿制度。积极探索参与国际碳交易。努力探索实践“大部制”体制与机制,规范与发挥好联席会议制度的作用,积极探索创新“国家公园体制”,争创“国家旅游综合改革示范区”。

(四)因地制宜,做亮“五个武义”品牌。

五个武义,即:养生武义、太极武义、有机武义、超市武义及体验武义。养生武义,拥有国际养生产业博览会和养生(养老)健康服务业产业体系;太极武义,拥有陈氏太极拳;有机武义,拥有中国有机茶之乡和有机国药基地及有机食品产业;超市武义,武义有 5 万多人在全国各地开设 7000 多家超市。体验武义,武义拥有温泉养生体验、药膳养生体验等十大养生体验产品。依托五个武义,努力推进武义养生产业的业态创新,大力发展养生庄园和养生会所。通过五水共治、三改一撤,加快建设与完善美丽乡村,注重传承文化乡愁,发展乡村旅游。依托智慧旅游技术,大力实施养生旅游产品创新。要充分依托“超市武义”,努力销售终端的功能,提升武义养生养老产品的市场辐射能力。发挥“超市武义”的市场辐射潜能,全面提升武义产品市场拓展能力,强化武义服务体系建设和现代服务业模式创建。推动养生武义“走出去”。以养生武义和智慧旅游为基础,积极探索与创新发展养生旅游跨境电子商务。

拓展产业生态旅游,推进区域生态文明

自从20世纪80年代生态旅游概念一经提出,就得到世界各国的日益重视。国际生态旅游协会(1993年)提出的生态旅游概念是具有保护自然环境和维系当地居民双重责任的旅游活动,特别强调生态旅游地的生物多样性和生态环境的原生性。从本质上看,国际上比较公认的生态旅游发展四大原则,一是生态环境优美,二是生物多样性丰富,三是开展生态教育,四是当地居民受益。

我们并不反对西方发达国家在具有优越生态本底的条件下开展的以生物多样性为生态旅游资源的纯粹自然的生态旅游,但我们坚持认为这样的生态旅游并不适合中国国情。因为1999年国家旅游局开展的"生态旅游年"活动以来,这种生态旅游就使得我国的自然保护区和森林公园由于保护措施不到位而遭受到严重破坏,"生态旅游破坏生态"问题产生的原因是中国是一个拥有9亿农民的发展中国家(大多数旅游者的兴趣、行为及其管控,难以达到要求),而同时自然生态原生性比较欠缺和脆弱,经不起误导和折腾。2009年国家旅游局再次以"生态旅游年"为主题,有效地推进了我国生态旅游本土化创新。

一、生态旅游理念需要密切联系国情不断创新

旅游产业发展的现实要求是生态旅游必须逐步大众化,必须实现产业化。在发展区域生态旅游产业的过程中,我们必须贯彻遵循自然规律的科学发展、经济规律的共享发展和社会规律的和谐发展,因地制宜与时俱进地创新与发展生态旅游理论。

我们赞同学术界流行的观点:生态旅游是时代发展的需要,其根本宗旨是促进旅游业可持续发展。我国关于旅游生态学和生态旅游方面的研究与国外生态

旅游研究基本上是同期进行的。一直以来，比较突出的问题是中国本土的生态旅游观念和国外生态旅游观念存在着显著的、针锋相对的区别。国外的生态旅游是将生态旅游与大众旅游相对立，强调生态旅游是少数人参与的特殊的旅游形式，内容局限在生物多样性丰富和原生性生态环境的地区。而中国生态旅游学者认为，生态旅游不应该与大众旅游对立，认为生态旅游是旅游系统的生态化，强调生态旅游是旅游方式、旅游产业和旅游事业。

生态旅游要实现本土化创新。自然生态旅游不应该是生态旅游的全部内容。将生态旅游局限于自然的观念与做法正是我国一些旅游地开展生态旅游陷入(要么难以大众化,要么生态旅游破坏生态)进退维谷境地的根本原因。要解决这个两难选择的问题，我们必须与时俱进，拓展生态旅游内涵．我们认为，生态旅游是以生态旅游资源(如生态景观、生态环境、生态文化、生态科技、生态产业和生态产品等)为内容，以生态文明为基础，以生态经济管理为手段，寓生态教育于旅游过程，通过旅游的综合服务，实现可持续发展的旅游方式、旅游产业和旅游事业。生态旅游在类型上应该包括自然生态旅游、产业生态旅游、城市生态旅游、社区生态旅游以及文化生态旅游等内容。

二、拓展生态旅游内涵,强化生态文明载体

生态旅游既是一种旅游产品,也是旅游方式。生态旅游产品，强调符合市场需求的生态旅游线路和旅游者获得配套生态旅游服务的经历。因此，生态旅游强调旅游系统六大要素生态化。要求旅游者在旅游过程中,吃绿色(生态)食品、住绿色饭店、乘无污染的交通工具(如电瓶车、天然气汽车)、游览具有生态意义的景观、购买生态产品和开展有益于身心健康和环境建设的娱乐活动。旅游系统生态化主要体现在生态旅游资源、生态旅游市场和生态旅游产品三个方面。生态旅游资源的概念是值得积极探索与实践的课题。我们认为一切具有生态意义的旅游资源都是生态旅游资源。这就明确了生态旅游资源首先应该是旅游资源，其次还必须具有生态意义。就其内容而言，它当然包括自然生态旅游资源、产业生态旅游资源文化生态旅游资源和环境生态旅游资源以及城市与社区生态旅游资源等等。我们认为，生态旅游不应该与大众旅游对立，生态旅游是旅游系统的生态化，内容包括自然生态旅游、文化生态旅游、产业生态旅游以及社区生态旅游；通过开展生态旅游，可以促进生态知识的普及、生态技术的传播、生态产业的发展、

生态产品的生产与销售，乃至整个区域的可持续发展；生态旅游是实现生态产业、生态科技、生态工程以及生态产品等旅游价值的重要途径和方式，是建设生态省和生态市的战略性和支柱性产业，也是推进生态文明建设与传播的重要载体。因此，我们强调生态旅游是旅游方式、旅游产业和旅游事业。目前，我国的都江堰等产业生态旅游典型案例已经在国内外产生了积极影响。

三、实施旅游生态工程，推进生态旅游示范区

实施旅游生态工程，发展生态旅游产业，对于传播先进生态科技文化、倡导绿色生态消费、促进生态产业与循环经济发展，具有重要意义。

基于中国生态旅游学的基本观点，我们提倡借鉴国外先进经验，但反对套用外国的标准。中国生态旅游标准的制定，必须切合中国国情，必须有利于区域可持续发展。我们认为，生态旅游认证应该坚持的 10 条原则：(1)坚持融合发展和多规合一，体现旅游系统生态化的生态旅游发展规划；(2)按照旅游融合发展和旅居一体化要求，提供旅游系统相配套的生态旅游综合服务；(3)具备旅游生态管理和生态文明切实有效的规章制度；(4)具备体现生态文化科技知识的生态旅游解说系统；(5)具备生态旅游相应的人才培训系统；(6)负责任的生态旅游促销方案；(7)实现当地居民参与旅游管理、参与旅游开发与参与旅游服务；(8)旅游发展切实促进区域生态建设与社会发展；(9)促进生态科技普及、推广与交流，促进区域生态产业发展和产业链延伸；(10)促进当地生态文化以及优秀文化的传承与发展。

我们认为，国家生态旅游示范区应该具备以下几个条件：(1)相关生态旅游资源、产品与市场的空间集聚，达到一定的规模效益和省际竞争能力；(2)生态旅游对区域生态产业、生态文明和生态科技等促进作用显著；(3)生态旅游开发与经营管理模式具有先进性、典型性和可借鉴性。上述指标可以采取定性与定量相结合的方法，不断完善。

生态旅游是生态文明的重要载体和传播手段。发展产业生态旅游的对策建议如下：一是建议国家旅游局设立“产业生态旅游年”；二是开展产业生态旅游的系统化科学研究，为产业生态旅游发展提供科技支撑；三是建设产业生态旅游认证制度，实施试点示范工程；四是组织编写产业生态旅游系列教材，加快生态旅游专业人才培养。

第七篇 07

康养旅游与健康中国

建议通过创新养生茶馆模式推动中国茶文化走出去

全世界有30亿人喜欢喝茶。中国是茶的故乡、世界茶都，早在3000年前的夏商周时期就有了饮茶说。2014年，中国总产茶量198万吨，是全球第一产茶大国，占全球茶总产量的39.4%。然而今年世界上最大的茶品牌却在一片茶叶都不产的英国。在国际茶业组织中，我们中国没有话语权；在国际茶叶市场上我国中国也没有定价权。作为世界茶都的中国要彻底改变这种被动局面，已刻不容缓。

造成被动局面的原因比较复杂。关键的一条就是我们一直在出售茶的原材料，没有从文化产品和运营模式方面下功夫。茶文化本质就是养生文化。这是我们一直没有充分重视的。坚持文化自信、理论自信和道路自信和实施一带一路战略，为我们提供了思想武器。

大力推进中国茶文化走出去，需要我们充分发挥好世界茶都优势和养生文化的核心竞争力，积极探索创新养生茶馆模式，完善茶馆功能和提升国际竞争力。具体做法建议如下：

一是加强茶养生文化研究，推进养生茶馆模式创新。养生茶馆的设计要注重内核文化价值的国际认同、外在文化形式的国际认知以及质量文化标准的国际认可。要着力提高中国茶文化的国际共通性，增加灵活变通与适应，注重休闲功能、餐饮功能、交际功能、文化功能、商务功能，特别是（天人合一、阴阳平衡、五行相生）养生功能的健全与完善，并通过国际茶文化养生产品的形式予以体现出来。要积极拓展新业态——养生茶园（庄）、茶村——茶庄园等；丰富新体验——茶养生-全方位体验（香味、诗词、音乐及氛围）；开发新产品——养生配方茶、药膳美食、针灸按摩以及艺术养生等相关配套；创建新模式——会员制、大数据平台的智能化个人定制以及产业融合联动的养生旅游融合体。

二是实施茶馆模式创新，丰富养生茶文化产品。注重示范引领，着力打造国家对外汉语办公室“茶文化国际传播示范基地”，研究创建“养生茶馆国际标准”，强化标准引导与实施变通发展，坚持原则性与灵活性的统一。强化养生茶馆的环艺设计与营造，要突出养生文化主题、茶楼建筑景观设计、茶具及茶服饰设计；积极开展养生茶茗的研发，要结合茶饮美食、药膳体验和养生配方茶的协同整体推进。不断丰富茶馆养生体验，要聚合中医养生（针灸、推拿、按摩、拔火罐、养生太极）的相关内容，大力推进养生茶产业旅游融合发展，实现茶馆功能的全面优化与提升。要花大力气整合民俗文化，加强中国养生茶馆的形象设计与个性化定制，丰富中国茶文化标识符号和解说系统，借助互联网大数据平台实施养生茶产品的个性化定制服务。营销方式创新，要注重开发茶文化养生系列精致视频课程和精致服务体验产品，强化养生茶文化的国际传播效果。可创建“中华茶馆”和“中国养生茶庄园”等中国自主国际品牌的国际连锁集团公司。此外，还必须结合世界各地不同文化地理特征，积极主动谋求变通发展，要遵循因地制宜、入乡随俗的原则，积极融合当地文化，便于当地民众的理解和接受，只有这样才能有效提升中国养生茶文化的国际竞争力。

三是实施茶文化养生基地示范工程，推进茶文化产业转型升级。按照特色小镇的思路，强化茶文化产业旅游的聚合创新。大力推进养生茶馆多元化与特色化发展，并依托现有村镇，通过集成系列化创建各具特色的茶文化养生庄园。深化国别营销研究，针对不同民族文化需求的特点，制定针对性的国别营销方案。

四是依托全球孔子学院，提升茶文化国际传播竞争力。应该借鉴星巴克、麦当劳和肯德基等国际餐饮连锁公司运营的成功经验，积极探索创建养生茶馆盈利模式和示范工程旗舰店，开展连锁经营和实施对外辐射。注重“借船出海”，贯彻一带一路战略，依托全球500多家孔子学院和中国茶文化国际传播示范基地，构建起一整套比较完备的中国茶文化对外辐射的渠道。

（《浙江民进信息》2017年163期）

加快“健康浙江”建设的若干政策建议

2016 年 8 月，在全国卫生与健康大会上，习近平总书记从党和国家事业全局的战略高度，对新时期卫生和健康工作提出了一系列新思想新要求，强调要把人民健康放在优先发展的战略地位。这是我国卫生与健康发展理念的一次重大飞跃，是健康中国建设的根本指南。2016 年 11 月 29 日夏宝龙同志在全省卫生与健康大会上明确要求，浙江要成为“健康中国”的标杆省份。目前，我省已经出台《健康浙江 2030 行动纲要》和《健康浙江考核办法》，加快“健康浙江”全面建设小康社会的号角响彻东海之滨。

健康是促进人的全面发展的必然要求，是经济社会发展的基础条件，是民族昌盛和国家富强的重要标志，也是广大人民群众的共同追求。但我们必须看到，现实情况与“健康中国”“健康浙江”的要求以及人民群众的期盼还存在不小差距，比较突出的问题有：一是我们健康养生产业国际竞争力低下。日本韩国的中药产业，印度瑜伽，韩国跆拳道，日本茶道以及西班牙的 SPA 等在国际化方面远远超过我们中国。二是我们的体制机制和政策制度还不够完善。知识产权保护不力，创新动力不足尤为突出。健康养生产业低端化、分散化与碎片化现象突出。三是健康养生产业技术人才匮乏，健康养生产业发展很不平衡，层次不高，良莠不齐，甚至鱼目混珠。这些问题迫切需要得到有效破解。为此，我们经研究提出针对性的八项对策建议：

一、应全面提高健康产业和养生文化的科学认识，理直气壮地在中小学全面普及“天人合一、阴阳五行”养生知识；要深化体育管理体制改革，大力发展养生体育。太极拳等养生体育内容要全面进入学校体育课程。要建立健全健康养生教育体系，大力宣传健康科学知识，积极倡导健康养生生活方式。

二、应积极组建由我们主导的“健康养生学术和产业的国际机构”,确保掌握健康养生产业国际标准定制的话语权,抢占大健康产业国际战略高地。

三、应鼓励各地开展大健康产业发展模式创新工程,加快实施“健康县市”示范工程。大力开展各类健康促进活动,切实抓好健康社区、健康村镇、健康单位、健康学校、健康家庭和健康城市建设。

四、省会杭州应积极创办“健康中国高峰论坛暨大健康产业博览会”,聚合优势,铸造高端平台。助推“健康中国”,催生“浙江样本”。

五、应着力强化大健康产业人才培养及技术保障。加快优化大健康职业教育,鼓励大健康科研机构发展壮大。要厚植古为今用、健康养生的中医药优势,全面梳理历代浙江中医药学术理论,推广名老中医、专家学术思想和临床经验,挖掘诊疗技术和方药,传承发展百年老字号,巩固“浙八味”传统优势,培育遴选新的国际品牌,建设中药材基地,提升中医“治未病”国际化服务,全面实现中医药振兴发展。

六、应严格管理与规范市场,制定大健康养生产业系列标准,并积极创造条件上升为“国际标准”。通过标准化管理,确保健康养生行业与产业的品质提升。

七、应率先优化知识产权制度,强化“四馆”(道德养生馆、太极养生武馆、养生茶馆和中医养生馆)示范,建立健全养生产业国际化的有效载体。借助浙江外国语学院、浙江农林大学及国家汉办“茶文化国际传播基地”等相关机构,发挥孔子学院主渠道作用,切实推进中华养生文化走出去。

八、应加强研究与总结提升践行习近平“大健康大卫生”思想的“浙江样本”,浙江有条件也应努力成为“健康中国”的标杆省。

(《浙江民进信息》2017 年第 58 期)

森林康养旅游的几个关键技术问题

森林是人类的家园。打造“健康中国”离不开森林生态产业支撑,需要大力发展森林康养旅游,拓展新业态创造新产品。有关部委也相继出台了一系列扶持政策。可以预见,森林康养旅游必将迅猛发展、势不可挡。森林康养旅游已经成为一个社会关注的热点,值得深入研究。我们认为,森林康养旅游的科学发展,必须解决好以下几个关键问题。

一、强化战略引领,创新商业模式

(一)人才支撑,明确战略定位。发展森林康养旅游新兴产业,必须依靠智慧、依靠人才。通过集聚智慧,明确森林康养旅游的发展战略定位,具体包括目标定位、市场定位、产业定位和形象定位。在此基础上,明确投资运营的主体,并创新商业模式与盈利模式。健康与养生,有着本质的区别。健康是状态、是被动的;养生是过程,是主动的。不要想当然地将医疗机构放到景区,因为病人与旅游景区显然是相冲突的。且人如果有病,还是去医院治疗比较好。养生是可以体验的,养生旅游相当于功夫+熊猫,等于“功夫熊猫”。

(二)国际组织,创建国际标准。只有中国拥有“天人合一”养生思想,也只有中国拥有底蕴深厚的养生文化和发达的养生产业,因此我们必须发挥这种特有文化和产业的优势,抢占战略制高点,组建国际组织“国际养生旅游协会”,创建“养生旅游国际标准”,提升国际竞争力,大力推进中国传统优秀文化(茶文化、太极拳、中医、美食)等走向世界。

(三)养生庄园,康养馆驿连锁。放眼审视一下,不难发现韩国“跆拳道馆”、印度“瑜伽馆”、美国“麦当劳”“肯德基”“星巴克”已经遍布神州各地。而我们中国自己的“养生美食馆”“太极养生庄园”“茶文化养生庄园”等则难觅踪迹，不能不让人惭愧和深思。我们认为，大力发展森林康养旅游的今天，必须花大力气开发系列养生庄园，并贯彻“一带一路”倡议大力推进在全球的布局。

（四）智能定制，设计养生流程。我们可以利用互联网和物联网技术，实现远程人工智能技术基础上的个性化养生产品的远程定制，针对游客的体质特征，设计出个性化的养生旅游流程，极大地提高养生旅游产品的服务品质。

（五）卓越示范，铸造国际品牌。从战略层面来看，我们要尽快实施卓越工程，在全国创建100家森林康养旅游示范区，并通过国际会展和国别营销等手段，千方百计地铸造国际品牌。要让中国的健康养生旅游造福全人类。

二、突出主题特色，优化功能布局

（一）优势聚合，打造文化特色。森林康养旅游产品，很忌讳同质化。文化是灵魂，特色是生命。我们必须强化景区主题，在景区文化特色上狠下功夫。具体做法，可以应用“文化总部理论”和“旅游融合体理论”，我们可以最大限度地聚合优势文化资源，打造文化示范和创新高地，从而具备“只争第一、只做唯一”的特色。

（二）森林产业，强化养生功能。全方位多元化拓展森林产业，从生态养生、温泉养生、运动养生、茶饮养生、药膳养生、理疗养生、文化养生及艺术养生等全面延伸森林健康养生产业链，形成森林健康养生产业化集群，强化景区养生功能聚合，打造森林康养旅游特色小镇。

（三）创新驱动，推进转型升级。森林健康养生旅游，要致力于通过技术创新推进传统优势产业的改造与提升，促进传统优势产业向现代产业集群转变。比如九华山的黄精产业，需要引入现代生物制药的提纯加工技术；龙泉宝剑产业，也需要引入智能制造技术和定制化技术，从而推进传统优势产业的转型升级。

（四）创意设计，丰富文化体验。开心的情绪，是健康养生的必备条件。在森林健康养生旅游景区，要创意设计一系列文化体验产品，丰富文化体验，让游客赏心悦目、流连忘返，回去之后，愿意津津乐道，形成口碑营销。

（五）制度设计，确保惠民富民。要为当地居民带来实惠，这是发展森林健康养生旅游的重要出发点和社会责任。我们必须通过优化制度设计，确保旅游惠民富民。只有当地居民从中得到实惠了，才能真正激发出创新创造热情，进而发展森林健康养生旅游业科学发展与跨越发展。

三、夯实技术基础，打造产品体系

（一）负氧离子，体验品质山水。负氧离子，是真山真水真空气的重要养生指标，是森林健康养生旅游的重要资源条件。在负氧离子丰富的地方，我们要设置好养生旅游景点，让游客在这里尽可能多逗留一些时间，以便能够享受到负氧离子的养生作用。

（二）植物精气，精准生态服务。植物的芳香，也是能够沁人心脾、益寿延年的重要养生资源。在怡人的植物精气富集的地区，我们可以布局森林健康养生度假区和高星级酒店，配套旅游设施和完善旅游服务，让游客在这里能够享受到品质生活。

（三）奇珍异宝，畅享药膳美食。民以食为天。"饮食一直是旅游的一号工程"。森林地区的土特产品，大多是不可多得的健康养生的奇珍异宝。我们可以创建"养生农家乐"或"养生林家乐"，充分发挥好中医药膳的传统优势，按照游客体质的不同，针对性提供药膳美食。这样，不仅能够增强旅游吸引力，而且能够起到意想不到的健康养生效果。

（四）中医理疗，提升养生系统。中医在森林健康养生旅游中大有可为。针灸、推拿、按摩、足浴及刮痧等系列化的中医理疗项目，通过质量标准化、流程规范化与服务定制化，可以极大地提升养生系统的整体功能。这是我们中国养生文化最具魅力、也最具竞争力的关键所在，值得大力研究与推广应用。

综上所述，当前，森林健康养生旅游迫切需要强化战略引领、创新商业模式，突出主题特色、优化功能布局，夯实技术基础，打造产品体系。我们坚信，在建设"健康中国"、实现"中国梦"以及提升中国国际旅游核心竞争力的伟大征程中，森林健康养生旅游必将发挥越来越重要的作用。

我国森林生态养生旅游发展对策

养生旅游,是融入“天人合一”文化,依托养生文化和养生产业,按照生态旅游方式设计养生旅游产品,满足养生市场实际需要的一种体验旅游产业和事业。森林是生态系统的主题,在生态文明建设中发挥着极其重要的作用。森林不仅是区域内物种最丰富、生态关系最复杂的自然系统,也是维系区域生态安全的生命支持系统。森林生态系统开展养生旅游的重要载体和场所之一。

目前,各地政府和企业,都表现出非凡的热情和积极性,森林生态养生旅游呈现出方兴未艾的良好势头。但是,我们必须看到,森林生态养生旅游存在一些亟待破解的认识误区和突出问题,主要表现在以下几个方面:首先,认为生态养生旅游就是享受真山真水真空气,忽视了生态养生产品的深度开发,导致森林生态养生旅游,仍然停留于观光旅游层面,造成了大批量低层次重复建设,养生旅游功能和价值难以实现。其次,强调森林生态养生旅游要有疗效,忽视了养生旅游的体验属性,导致不少地方为发展养生旅游热衷于追求高端医疗机构的入驻,不仅加大投资风险更造成医疗资源浪费。再次,认为凡是具备生态的就是具备养生的。科学事实是“养生一定生态,但生态未必养生”。城市绿化植物中,就有不少是对人体健康有毒有害的(比如夹竹桃)。如果不深入研究合理布局,按照不同的养生需求进行科学配置,极有可能事与愿违。

按照新型城镇化和转型升级战略的要求,在推进森林生态养生旅游过程中,政府必须发挥主导作用,切实处理好森林生态资源保护与开发的关系;更合理地利用森林生态资源,规划布局与开发设计养生旅游产品,提升森林旅游的核心竞争力;构建区域森林生态养生旅游模式,铸造养生旅游品牌;因地制宜科学规划更好地推动养生养老产业健康持续发展。

森林生态养生旅游开发必须遵循以下五大原则:

第一,坚持保护与开发相协同的原则。森林生态养生旅游以生态经济学和养生旅游学理论为指导,以生态保护为前提,在积极发展森林生态养生旅游的同时,应切实保护与建设好森林生态环境。

第二,坚持适度超前整合开发原则。森林生态养生旅游发展应以森林生态养生旅游资源为基础,以养生旅游客源市场为导向,应充分整合利用原有设施和区域特色优势养生旅游资源,紧密结合建设区域生态文化、健全生态文明制度和推进生态产业发展,切实注重养生旅游文化创意及精品开发,丰富森林生态养生旅游产品体系。

第三,坚持市场导向特色发展原则。森林生态养生旅游规划应以森林生态环境和地域特色文化为主体,突出自然野趣和生态养生保健等多种功能,因地制宜地发挥自身优势,形成独特风格和地方特色的养生旅游产品谱系,着力铸造特色品牌。

第四,坚持遵循专业技术规范原则。森林生态养生旅游规划应遵循国家法律及符合现行有关专业技术标准、规范的规定。要遵循《环境保护法》《水土保持法》以及《旅游法》等相关法律及技术标准。要积极探索健全和完善新的地方、国家或行业技术标准,推动森林生态养生旅游的服务品质提升。

第五,坚持统一规划分步实施原则。森林生态养生旅游要整体谋划,按照区域生态文明建设和生态产业发展战略要求统一布局,统筹安排建设项目,做好宏观控制;建设项目的具体实施应突出重点、循序渐进、因地制宜、分步实施。

为了更好地发挥政府主导作用,推进森林生态养生旅游科学发展,笔者试提出十条对策建议,供决策参考。

(一)制定全流域生态养生产业发展战略、空间布局及产业链发展规划。发展森林生态养生旅游,要从区域发展战略的高度入手,科学布局。要注重产业旅游融合发展,着力延伸区域产业链,促进区域核心竞争力提升。

(二)健全水源地生态保护制度、完善区域滑坡泥石流防治技术规程及水土保持制度。水是生命之基、生态之源、生产之要。水源地的保护,是森林生态养生旅游发展的重要基础。当地政府要从政策与制度建设入手,切实加强与完善生态管理,为森林生态养生旅游发展提供系统保障。

(三)完善养生旅游知识产权保护制度,推进产业技术、商务模式及服务模式的集成创新。可以借鉴温州打火机产业协会的“登记管理”方式,破解旅游产品知识产权保护的难题,调动企业创新研发森林生态养生旅游产品的积极性和创造性。事实已经证明,产业技术、商务模式及服务模式的集成创新,是养生旅游走向成功的不二法门。

(四)制定区域养生旅游(民宿)标准。森林生态养生旅游的规范服务与地方特色发展,呼唤地方性的养生旅游(民宿)标准。通过地方性标准的研究制定与科学引导,有利于形成养生旅游规模效应、区域特色与整体竞争力。

(五)健全与实施区域生态养生科普教育制度。开展生态教育、养生教育是森林生态养生旅游的重要组成部分,也是必不可少的核心内容之一。因此,需要花大力气健全与完善森林生态养生旅游区的解说系统、标识系统和信息系统,完善配套设施,提升服务品质。

(六)制定与实施“生态养生林业”“洁水渔业”技术规范及(渔业合作社)经营管理制度。森林生态养生旅游,需要以生态产业为依托和支持,才能获得持续发展。浙江寿仙谷有机国药基地“铁皮石斛 - 灵芝 - 藏红花”循环种植模式的成功经验值得总结提炼与推广(参见下图)。要花大力气研究与发展“生态养生林业”和“洁水渔业”等产业,形成一套产业技术规范及相应的经营管理制度,为森林生态养生旅游发展提供坚实的物质技术保障。

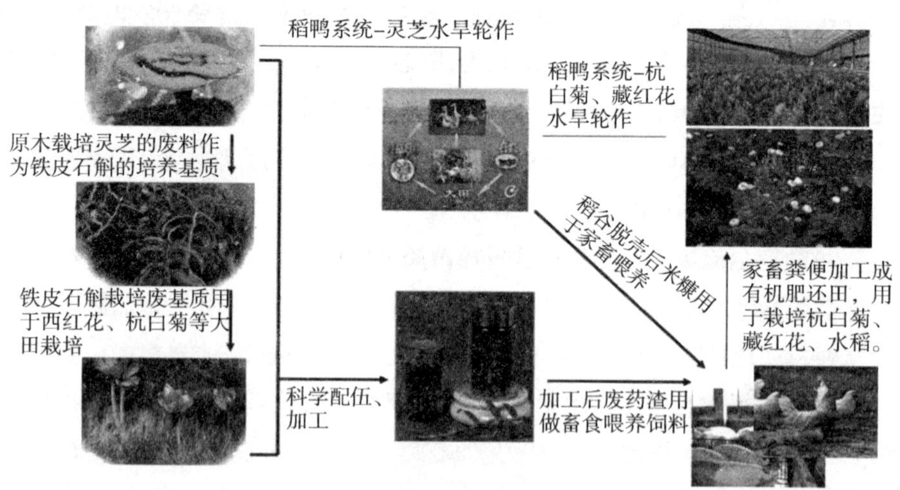

图　寿仙谷有机国药循环农业模式示意图

(七)健全区域养生药膳产品标准,推动转型升级。要按照春夏秋冬、男女老少、寒热虚实等因素,针对市场需求花大力气研发高端化、系列化的药膳养生产品(体系)标准,并形成科学合理的空间布局,彻底走出低档次重复建设恶性竞争的怪圈,推动传统的"森林人家"和"农家乐"转变为森林生态养生庄园(养生馆),实现转型升级。

(八)健全区域生态补偿制度,推进移民脱贫、社区发展和新型城镇化。要因地制宜,"一村一策",科学制定有效的生态补偿制度,切实帮助当地居民提高外迁就业的竞争力,运用拓展生态养生产业的方法,扎实推进移民脱贫、社区发展和新型城镇化。

(九)编制与实施废弃物及生活污水处理规程及管理制度。森林生态养生旅游持续发展的重要条件,就是优质生态环境的建设、维护与管理。旅游区的废弃物和生活污水处理,已经成为必须正视的重大问题。我们必须认真吸取广西巴马等地发展养生旅游(由于环境管理不当所造成的)环境恶化的深刻教训。

(十)按照养生功能和效益最大化要求,耦合配置(植被)生态系统与养生旅游产品体系。植物精气、负氧离子是生态养生的两大重要资源,必须予以足够的关注。我们可以根据森林生态系统的植被类型和地貌水文特征,界定出植物精气和负氧离子的空间分布特征,据此,配套设计相应的养生旅游产品体系。

森林生态养生旅游,是自然旅游、生态旅游与休闲旅游的创新与发展。我们坚信,只要我们坚持以人为本天人合一的理念,努力发挥养生文化和养生产业的优势,积极开展养生产业技术、商业模式和服务模式的集成创新,我国森林生态养生旅游就一定能够走向辉煌。

创建养生旅游融合体推进江山旅游转型升级

江山位于浙闽赣三省交界处。江山乡村旅游产品已经具有一定的影响力。其中江郎山为世界自然遗产。廿八都、清漾村、和睦村等各具特色。总体上看,江山旅游还面临三个突出问题:一是缺乏适应游客自由行需求的文化旅游体验产品;二是养生旅游文化产品还很不丰富;三是文化产业旅游融合发展深度不足,资源优势没有得到最大限度地有效发挥。如何贯彻创新驱动战略,深化落实融合发展和全域发展理念,打造江山系列化旅游融合体,推进旅游产业转型升级,值得研究。

一、江山养生旅游资源丰富

江山养生旅游资源类型丰富,自然资源和人文资源兼备,并获多项荣誉。自然方面,奇、显、神的江郎山,秀美的湖泊,苍翠的油茶树等构筑了锦绣江山丰富的自然景观资源主体;人文方面,和睦彩陶、清漾毛氏文化村、婺剧、江南毛氏文化旅游节等特色建筑和精彩纷呈的民间节庆活动,组成了江山深厚的人文旅游资源。江山是全国首批绿色小城镇之一。2010 年江山境内的江郎山以“中国丹霞”代表之一荣获世界自然遗产桂冠。2015 年 10 月江山以其优良的生态环境荣膺“全球绿色城市”称号。

二、江山养生旅游融合体设计

设计原则:基于江山旅游资源的优势,养生旅游发展要遵循“保护第一,以发展促保护”的总体思想,努力使得经济效益、社会效益、生态效益最优化;要注重景点内部观光产品、各景区之间、旅游产品等要素的相互补充,力求通过补齐短板化解突出矛盾;要抓准市场定位和需求,提供多层次性的服务内容,同时兼顾特色发展重点。

设计方法:针对江山市目前面临的旅游转型与发展问题,运用养生旅游、旅游融合体等理论,在现有的养生旅游基础上,设计具有江山特色的养生旅游模式,将文化、产业、旅游发展相互贯穿融合,多层次,全方位,有重点的逐步推进江山市养生旅游产业的快速发展。

三、旅游融合体设计方案

(一)江郎山旅游融合体

江郎山景区位于江山市西南部,占地面积 53.9 平方公里。它是国家级风景名胜区、AAAA 级景区,同时也是浙江省首个世界自然遗产。与此同时,现代大型活动也陆续落户江郎山。如 2013 年江郎山 · 中国衢州国际旅游节在江郎山开幕,同年美国翼装飞人、世界顶级翼装飞行大师杰布 · 克里斯成功飞越江郎山一线天;2016 年全国新年登高健身大会在江郎山启动。

位于江郎山麓的清漾毛氏文化村,是江南毛氏发祥地、毛泽东祖居地、江南风水第一村。景区内有浙江省最大的毛泽东像章陈列馆、清漾祖宅、毛子水故居等景点,文化底蕴深厚。依托世界自然遗产江郎山特有的丹霞地貌以及清漾村的江南毛氏文化,将文化体验、休闲健身体验与产业相结合,实现养生旅游融合体的创建,同时突破养生旅游的传统模式。具体设计如下:

1. 竹林剑瀑,养玄宗风水

清漾村村口林木茂盛处高悬着“剑瀑”,清泉悬空而下,在移步换景中观赏剑瀑之美。据传清漾毛氏是受益于这里独特的“风水”。在观赏学习玄宗风水之时,还可以了解历史名人文化,熏陶养生,静心平息。

2. 民俗活动,享体育赛事

婺剧为江山地方剧种。可在清漾村、倒影湖等处开展婺剧流动演出,推广丰富地方文化。江郎山可借助独特的山体,推出山地竞技、极限挑战等体育活动,创办中国登山大赛吸引更多的健身爱好者。同时与阿依乐庄园合作开展骑马体验、滑翔伞体验等特色体育活动。

3. 文化展馆,创特色节日

捆绑江郎山与清漾村景区,创办江郎—清漾旅游节,集中旅游活动时间、加强宣传力度,打造成江山旅游品牌活动。可以建立一个毛氏文化博物馆,陈列 1500 年历史文化遗迹、名人传记等,使毛氏文化更加具化。

(二)和睦村旅游融合体

和睦彩陶文化村是国家 AAA 景区,也是国内最原始、最完整的古陶制作基地之一,素有古陶"活化石"之称。村内有密集的馒头窑、彩陶坊、和睦大院等特色景点。在和睦,不仅有传承 500 年的制陶工艺,更有着世代传承的陶文化。窑乡的产业特色和陶文化不仅体现在屋顶的瓦片、烧水的茶壶、煮菜的碳锅等,还表现为陶器在养生方面起到的重要作用。围绕和睦的制陶工艺以及陶文化,通过制作体验、辅助养生等方式赋予陶文化新的活力与内涵,同时增加养生旅游的文化性与趣味性。相关旅游产品设计如下:

彩陶及其文化的衍生。开发如游客挖陶泥、做陶制品等活动,让游客在欢快的体验中感受到陶文化以及休闲养生体验旅游的魅力。可以举办"陶"文化节,烧制陶器,艺术陶器秀,陶器历史文化展等,以达到可修身养性、陶冶情操和供游客参观纪念的目的。

和睦大院农家乐养生模式的创建。和睦大院的居住环境独具特色,江南特色的民居风格融入现代小资悠闲的生活情调,将古典美与现代便捷完美结合。在这里,村民烧制的陶器可供游客洗漱、饮食的需要,陶器不仅增加了和睦大院农家乐的独特性,还将自然养生的理念包含其中。

旅游衍生产品的开发。开发旅游衍生产品来丰富养生、休闲体验,延伸产业链,提高旅游产品的附加值。如:景点系列彩陶,将江郎山、廿八都、和睦村等江山主要景点以彩陶的形式展现,供游客赏玩纪念;实用置物陶器,将江山特产猕猴桃果脯、火龙果花茶、绿牡丹茶叶等置于器内,增添附加产值;养生陶器,利用中医和养生食材研发江山特色陶器养生药膳(如:和睦炭锅白鹅),模拟绿色生活并达到养生保健的功效;同时建议开发高端定制养生陶器产品,借助旅游消费者和电商平台开拓陶产业的二次发展,让旅游与产业共同发展。

(三)张村乡旅游融合体

张村乡是浙江省级生态示范乡,全乡森林覆盖率达 88.7%。以食用菌、油茶树、高山蔬菜为三大特色农业为主。张村乡最闻名的是山茶油、"江南小泰山"太阳山以及太阳名山寺。

围绕张村乡特有的油茶树、高山蔬菜等农业资源，结合太阳名山寺等佛教旅游资源，将美食养生体验与禅修文化体验融为一体，打造以休闲养生体验为主的张村乡养生旅游融合体。相关旅游产品设计如下：

禅修、美食文化融合体验。利用太阳山以及毗邻的月亮湖，开发爬山、游湖、垂钓、划船比赛等系列体育健身旅游项目，开展运动养生体验游。开发佛教养生体验游，包含进香、祈福等宗教仪式体验游，让游客参与特定的庆典仪式，增加游客的参与性。辅以张村高山特色蔬菜，用山茶油烹饪，宣扬养生理念。

特色养生产业的衍生。利用张村乡特色的油茶树以及山茶油产业，设计山茶油养生文化体验系列活动。如参观茶园并在当地茶农的讲解中了解山茶油功效，开展适合小团体参加的茶油籽采摘和体验茶油制作等。以口碑促进山茶油的知名度，以文化宣传带动山茶油产业发展；与当地的农家乐、寺院结合，用山茶油和高山蔬菜在养生美食上吸引游客。

结　语

江山养生旅游融合体设计基于最新的旅游理论——“旅游融合体”理论，针对江山养生旅游的发展现状，结合江山当地已开发和半开发的旅游资源，跟进所设计的旅游模式，将江山市的文化、生态、经济发展相互贯穿融合，能够多层次，全方位，有重点推进江山市养生旅游产品的快速发展。

（注：本文为2016年浙江省新苗计划项目“江山养生旅游融合体创意设计研究”成果的一部分）

创建金东国家级养生体育产业示范基地

武术是国粹,是中华优秀传统文化,也是金东区的金名片。金华市金东区武术文化底蕴深厚,素有“大成拳和岳家拳之乡”的美誉。2015年中央电视台中文国际频道《远方的家——江河万里行》摄制组一行走进金东蒲塘村,对五经拳进行深度拍摄报道。金东区澧浦镇蒲塘村流传一套五经拳,群众基础非常好,无论男女老少拳腿棍棒个个会两下。金东拥有五项武术非物质文化遗产,其中“五经拳”现已被列入金华市第四批非物质文化遗产名录。金华南拳传承人,金东区鞋塘金家村90多岁的金宗会荣获浙江省“发展武术特殊贡献奖”。他的资料照片还被收录到《当代中国传统武术名人录》中。金华民间南拳于2010年被列入金华市第四批非物质文化遗产名录等。这些成绩的取得,是代代相传的结果,也是政府重视和武术协会不懈努力推动的结果。值得高度重视的是,这里秉承“文昌武曲”“文经武纬”优秀传统,坚持兼收并蓄弘扬武德文化精髓,这在全国也是很罕见的。

当前,积极响应十九大号召,学习和运用习近平新时代中国特色社会主义思想,坚决贯彻“健康中国”战略。大力促进竞技体育向养身体育转变。只争第一,只做唯一,金东要积极创建“健康中国”的新样本,引领示范乡村振兴战略,意义特别重大。

必须看到,尽管五禽戏、太极拳、大成拳、岳家拳、蛇拳和气功等养生体育都在金东有一定程度的集聚,但尚未从健康养生产业体系的角度予以充分整合与提升。我们金东武术还存在不少问题,突出表现在以下三个方面:一是缺乏战略目标导向和规划引领,总体上处于群众自觉自发状态;二是缺乏整合高端优质人才和智慧资源的有效平台,总体上处于自娱自乐的阶段;三是缺乏养生体育产业体系,致使综合效益难以实现等。

为此,特提出具体建议如下:

一是编制《金东养生体育发展战略规划》,树立“抢滩”意识,创造重大机遇,积极申报“体育之乡”,借鉴开化自主创建“国家东部公园”的经验,率先打造“国家级养生体育示范基地”。

二是积极创建“东方养生体育研究院”。研究编制《养生体育产业标准》,编制出版“养生体育”培训教材,大力培育新的增长点。

三是大力推进整合复合融合创新,努力铸造高端战略平台。创建金东“养生武馆”实施对世界各地辐射,推进养生产业“文化走出去”。积极举办“金东·中国国际武术展演”。

四是大力推进传统武术进校园,开展全民健身活动,打造养生体育培训传承展演基地。大力延伸养生体育全产业链。

创建药王山国家养生公园，打造中国生态养生旅游示范区

面对新形势和新任务，衢州市委、市政府及时提出有效推进旅游业大发展战略。明确要求大力推进“旅游业大发展战役”，深化实施开化省级重点生态功能示范区建设，完善国家公园管理体制创新，推进首个国家休闲区建设的体制机制创新，建设浙闽赣皖四省交界国家级生态旅游实验区。当前在生态功能区建设、乡村旅游创新、特色旅游镇及休闲农业拓展方面已经取得显著成效。我们必须注意到衢州生态旅游存在三大突出问题：第一，资源整合与核心品牌创建欠缺体制保障；第二缺乏核心产品项目引领；第三生态保护与旅游开发关系需要进一步协调。我们认为生态和文化优势，必须转化为养生旅游的产品和品牌优势，衢州旅游战略目标才能实现。养生旅游是生态旅游和休闲旅游的创新与发展，也应该是衢州旅游的战略选择。

拟建的衢州药王山－乌溪江国家公园涉及湖南镇、黄坛口乡、举村乡及岭洋乡，总面积493.11平方公里，人口29268人。这里是衢州重要的生态功能区，也是衢州扶贫攻坚的重点区域。区内拥有药王山国家4A景区、乌溪江国家水利风景区、乌溪江国家湿地公园及紫薇山国家森林公园等系列品牌以及乌引工程及古堰等深厚水文化景观，与国家级水利风景区信安湖及省级风景名胜区烂柯山相得益彰。区内的节理石柱景观堪称一绝。从规模和科研价值上，都可与世界闻名的英国北爱尔兰玄武岩柱状节理“巨人之路”和美国响岩体柱状节理“魔鬼塔”相媲美。即将启动蓄能电站工程，将为药王山－乌溪江国家公园的创建提供了重大契机。基于对衢州药王山－乌溪江的情况的调查研究，特为衢州南部山区科学发展提出建议如下：

一是结合“十三五”规划，将衢南山区作为一个整体，高起点规划“药王山 - 乌溪江国家公园”。按照国家养生旅游度假区的要求，高标准规划区内特色小城镇、完善公共基础设施。将长柱乡 - 举村乡 - 湖南镇 - 黄坛口串联起来形成环路系统。重点建设包括衢州 - 黄坛口快速通道、黄坛口水库周边游步道等公共基础设施系统（预计总投资 15 亿元）。沿线重点布局现代生态农业园、创意休闲农业、药膳美食、生态旅游、高端民宿以及养生养老休闲度假村等，大力培育该区域的主导产业。在黄坛口创建东部地区最大的生态商城，依托互联网实施对外辐射。在科学规划基础上，通过政府规划引导、引入民间投资以及实行混合所有制等系统措施有序推进项目建设，谋求科学发展、持续发展和共享发展。

二是积极践行国家公园体制试点，创建药王山国家养生公园。药王山、神仙谷是衢州不可多得的与养生旅游相匹配的一块金字招牌。我们要克服条块分割的体制性障碍，通过体制机制改革创新，整合药王山国家 4A 景区、乌溪江国家水利风景区、乌溪江国家湿地公园及紫薇山国家森林公园等系列品牌，尽快创建药王山 - 乌溪江国家公园，可以借鉴“金华山旅游经济区”的经验，通过体制创新实现一体化管理与运营。强化养生养老休闲度假产业在该区域的高度集聚，打造国家生态养生旅游示范区。

三是优化水源地保护区设置，强化保护与开发协同。将水源水库由黄坛口改至湖南镇水库。将黄坛口水库（九龙湖）作为核心生态旅游景区来打造。黄坛口乡政府所在地，要成为新型城镇化的试点，发挥好地理区位（距离城区 20 分钟车程）和一流水质的生态优势，重点发展养生养老产业集聚区。将黄坛口定位养老养生产业特色镇，并通过创意策划，实现旅游产品整合利用，激活鲟鱼养殖产业和蓄能电站的科普教育旅游资源。湖南镇定位创意休闲农业生态旅游特色镇，重点发展有机农业和创意农业，注重打造体验经济示范区。

杭嘉湖蚕桑养生庄园设计构想

养生是一个比较中国化的词语,从词义而言,“养”为保养、调养、补养、护养;“生”为生命、生存、生长。对于养生旅游的概念,国内外学者尚无定论。较为公认的是 Mueller 和 Kaufmann 提出的:养生旅游是指以维护健康或促进健康为主要需求动机的空间移动活动所引起的各种关系和现象的总和,是以追求身体、感情、精神、灵魂平衡和谐为目的的旅游活动。[1]笔者认为,养生旅游是发掘利用养生文化和养生产业的旅游资源,整合地方文化特色,围绕优化人类生存环境与提升人类生存质量的养生目标,根据生态旅游方式设计开发养生活动系列化旅游产品,实现养生产业旅游价值最大化的一切现象与关系的总和。养生旅游兼具养生产业与旅游产业的共性,以追求生命健康,释放精神压力,体验养生价值为目的,体现“以人为本,天人合一”的旅游活动。产业融合是当今经济发展的显著特征。作为一种经济现象,产业融合已广泛存在于社会各个领域,旅游行业也不例外。养生产业与旅游的融合就是在市场需求变化、科学技术创新、竞争合作压力、经济规制放松等因素的驱动下实现的。[2]它突破了传统旅游的理念,不再纯粹强调旅游的外在表现形式,更注重其内涵,同时加入了产业养生的观念。多元素融合,使得旅游产品更具创新性,有利于提高其社会经济效益,实现旅游附加值。在体验经济时代,人们旅游已经不满足于传统的走马观花式的“观光旅游”,而是希望从旅游活动中获得更多舒畅而独特的体验,旅游体验已成为现代旅游极具开发潜力的部分。Joseph pine Ⅱ和 James H. Gilmroe 认为体验是当一个人达到情绪、体力、智力甚至精神的某一特定水平时,在意识中所产生的特殊感觉。消费者通过体验行为所寄予的希望和结果是消费者体验价值的最终获取与体验利益的实现。[3]开发养生体验旅游,有利于促进养生业、旅游业的融合,推动旅游体验经济的发展。

2014 年文化部财政部关于推动特色文化产业发展的指导意见强调要深入挖掘和阐发中华优秀传统文化的时代价值、优化文化产业布局、推动特色文化产业健康快速发展。而蚕桑业具备我国传统特色,历史文化内涵丰富。因此,挖掘蚕桑产业文化旅游资源,推动蚕桑养生产业发展符合时代背景。此外,旅游业越来越受游客欢迎,人们热衷于追求身心健康体验,养生旅游成了旅游业中的热门。蚕桑在医药、化妆品、保健品等领域的利用越来越广泛,其养生价值不断被挖掘,将其与养生旅游融合有利于推动蚕桑文化快速发展。杭嘉湖地区,是历史上丝绸之路的起点,蚕桑产业养生旅游资源底蕴深厚,分析蚕桑养生旅游价值,设计构建杭嘉湖蚕桑养生体验庄园,对于拓展蚕桑产业链推进转型升级,具有重要的理论价值和实践意义。

一、蚕桑养生旅游价值分析

桑基鱼塘是联合国重要农业文化遗产。蚕桑产业是一种重要的养生资源。蚕桑养生是指通过服用蚕桑相关食品、使用蚕桑相关产品以达到体验养生作用、促进养生行为的系列活动。蚕桑养生旅游即以蚕桑产业文化资源作为旅游吸引物或载体开发设计而形成的旅游项目。我们将蚕桑业由传统的农业转型为养生产业,与旅游业融合发展,既可提升蚕桑养生的价值,增强我国养生旅游的竞争力;又可推广我国优秀传统文化;还可促进我国旅游经济的发展。

(一)文化内涵深厚

栽桑育蚕的兴旺发达形成了许多与育蚕有关的习俗,进而形成了蚕乡独特的蚕桑文化。这些文化早已渗透到了人们的日常生活中。表 1 列举了一些较为著名的蚕民俗。

表 1　蚕民俗表

民俗	简　述
蚕神信仰	蚕神信仰有两种:嫘祖教民养蚕、马头娘传说。
送蚕花	旧时男女定亲时,女方常送蚕种或蚕作为定亲信物。
戴蚕花	蚕乡女子的特殊时尚。
轧蚕花[4]	清明前后,蚕农到蚕神庙祭祀蚕神的活动; 含山蚕花节列入第二批国家级非物质文化遗产名录。

续表

民俗	简　述
扫蚕花地[4]	一种带有仪式性质的模仿养蚕生产过程的歌舞表演，起源于德清县，流传于杭嘉湖一带； 德清扫蚕花地列入第二批国家级非物质文化遗产名录。
谢蚕花	蚕农以酒食祭谢蚕神、演蚕花戏庆丰收。
祈蚕歌[5]	通过养蚕、祈蚕、酬蚕等一系列蚕事祭拜活动留下的反映蚕桑习俗的歌谣。
置蚕猫[6]	由泥塑彩绘、剪纸或木刻印刷制成，用于镇邪物驱鼠， 古代巫术祛邪的一种遗留。
吃茧圆	祭祀蚕神的供品。分青白两种，青者为桑，白者为茧，称“吃青还白”。

（二）养生价值深远

蚕桑具有医食两用之效。桑树全身是宝，其叶、枝、果都具有较好的药用价值；蚕沙、蚕蛹及蚕丝对人体有较大的益处，具体价值见表2。

表2　蚕桑养生价值表[7]

	作用	产品
桑叶	疏风清热，凉血止血，清肝明目，润肤止咳。驻容颜，乌髭发，补髓填精，祛疾延年。	桑茶、桑叶枕、桑豆腐、桑叶面条、桑叶营养荞麦面、护肤品。
桑枝	祛风湿，治疗关节肿痛，手足麻木和脚气病。	桑根酒、养发素、护肤剂。
桑果	营养肌肤，使皮肤白嫩，延缓衰老。防止人体动脉硬化、骨骼关节硬化，促进新陈代谢。生津止渴、促进消化、帮助排便。	鲜桑葚、桑葚酒、桑果汁、桑果酱、桑葚糖、桑葚膏、桑葚蜜饯。
蚕沙	清凉、降血压。	蚕沙枕头。
蚕蛹	降血脂、降胆固醇、改善肝功能。	蚕蛹膳食、蚕蛹酒、蚕蛹医疗保健品。
蚕丝	吸、放湿性好，保暖性好，吸音、吸尘且耐热性好，抗紫外线。促进新陈代谢，美肤。	蚕丝面膜、丝绸服饰、蚕丝被、工艺品。

(三)杭嘉湖蚕桑业发展历史

我国是世界上最早养蚕、缫丝、织绸的国家,已有五千多年的历史。从古至今,蚕桑业在我国有着举足轻重的地位。且“中国蚕桑丝织技艺”在2010年的时候被联合国批准列入了“人类非物质文化遗产代表名录”。浙江蚕桑始于春秋、兴于唐宋、盛于明清,尤其是杭嘉湖境内的双林、菱湖、南得、新睦、王店、石门、塘栖等小村、小镇,发展成了“地绕桑田,蚕丝成市”的大集镇,其历史底蕴尤为深厚。[8]

杭嘉湖地区的蚕桑发展历史悠久,传统文化内涵深厚,养生价值深远。然而据目前该地区蚕桑旅游的发展现状来看,主要以参观购物、文化观光为主,生产链短,淡旺季明显,对其养生价值的科普不够深入,很多人对蚕桑养生效用模糊,忽略了蚕桑的养生价值,这使得蚕桑旅游定位不高。

二、杭嘉湖蚕桑养生庄园设计原则

(一)精益求精,注重创新原则。以杭嘉湖特有的蚕桑旅游资源为基础,不断创新,挖掘新领域,结合江南地区的古典园林建筑特色,将生产蚕桑养生产品,发展养生度假旅游作为养生庄园的宗旨。分析旅游市场中已有的类似产品,在此基础上别出心裁,精益求精。

(二)迎合市场,强调体验原则。根据旅游市场需求,最大限度满足游客的精神、物质需求。突出其可观赏、可学习、可体验、可消费、可养生的特点,增强产品体验效果。

可观赏:整体环境具有观赏性。内部植物景观、建筑景观等布局合理,与主题环境相适应。

可学习:产品设计突显文化内涵。游客在度假过程中能提升文化修养,学习养生和蚕桑文化知识。

可体验:游客应具有较强的参与性,能亲身体验活动。

可消费:实现旅游购物行为,满足游客的消费需求。

可养生:旅游产品注重养生,突显其养生功能。游客可享受蚕桑养生,追求健康长寿。

(三)合理布局,突出主题原则。创新设计庄园整体造型及内部结构,着重体现蚕桑养生主题。从方便游客的角度出发,合理划分功能区块,充分体现良好的人机关系。打造一个集健康养生、休闲度假、商务会展、文化交流、旅游购物为一体的养生庄园。

三、杭嘉湖桑基鱼塘养生庄园构建

空中俯视,庄园造型为桑叶形状,利用叶经划分庄园区域。如图1:叶根至叶尖的主茎将庄园左右分开,形成一条直通庄园的主道,次茎划分出庄园的功能区块。建筑外观既要体现蚕桑文化历史悠久,又要体现我国古代江南如诗如画的建筑风格。

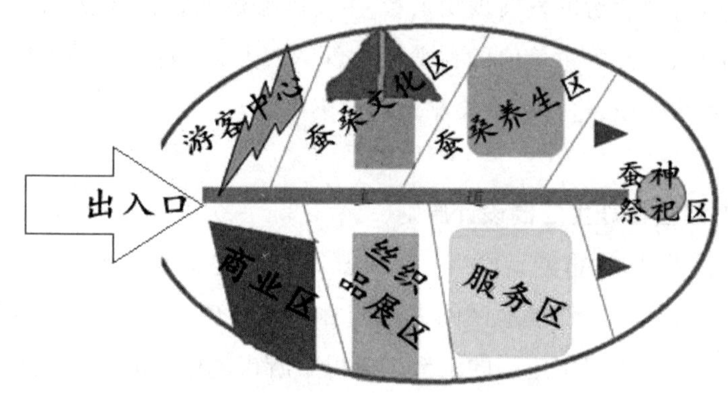

图1 杭嘉湖桑基鱼塘养生庄园示意图

(一)功能分区设计

1. 蚕桑文化区

蚕桑文化区包括蚕桑文化馆和果园,以科普教育和观光、采摘体验为主。(1)蚕桑文化馆。蚕桑文化馆用于介绍蚕和桑的品种、生长过程、生长习性、标本展示、蚕民俗以及蚕桑的药用价值,独立开辟一个蚕室用于养蚕体验。设置室内活动中心,用于开展表演、仪式、会议、讲座等活动。(2)桑园。引进多品种果桑树,延长桑果采摘期;按生长习性、形态特征等特点间隔种植、剪梢整形,营造视觉上的艺术效果;配备基础设施,供游客休息之用。在桑葚成熟期间,游客可在此体验桑葚采摘、品尝,进行科普学习;配置高科技拍照系统,为游客免费拍摄,并将其收录在资料库留作纪念。

2. 蚕桑养生区

蚕桑养生区包括养生文化馆和养生会所,为蚕桑养生体验区,集休闲、学习、养生于一体。(1)蚕桑养生文化馆。蚕桑养生文化馆介绍与蚕桑相关的保健产品和制作工艺及其养生功效,并配有知识问答的设备,游客可通过这个对蚕桑养生文化有进一步了解,还可体验个别养生产品的制作过程。开设图书阅览室,收集养生类书籍、与蚕桑丝绸文化相关的历史书籍、时尚期刊、学术研究等供游客借阅。与蚕桑养生产品生产、销售商合作,提供会展场地,开辟产品会展区。(2)蚕桑养生会所。养生会所为游客休闲娱乐场所,包括美食街、养颜坊等内外兼修的养生场地。体验科学严谨的蚕桑养颜疗程,享受慢节奏的生活方式。

3. 蚕神祭祀区

蚕神祭祀区包括祭坛、瞭望台和主道,用于蚕神文化展示和蚕民俗体验。

(1)祭坛。杭嘉湖有祭祀蚕神的民俗。祭坛位于桑叶模型的叶尖,坛前立蚕神雕像,用于祭祀蚕农心中的蚕神。

(2)瞭望台。祭坛前方左右两侧搭建瞭望台,可俯瞰整个养生庄园,视野开阔。游客可在上面观看祭蚕大典。

(3)主道。主道中央打造露天舞台,用于表演蚕民俗文化艺术节目,举办蚕花娘娘评选、丝绸服饰走秀等大型赛事活动。

4. 服务区

服务区旨在满足游客需要,提供各类服务措施和项目。服务区分为庄园后勤服务中心和蚕桑人家。服务中心的布局合理、错落有致,便于为游客提供各种相关服务。

(1)游客服务中心。在庄园入口和内部设立多个游客服务中心,方便游客获得就近服务。为游客提供信息咨询、讲解、邮电、纪念品服务、交通工具及免费庄园导览宣传资料;预告园内体验活动;受理游客投诉。

(2)医疗服务中心。游客在旅游过程中出现意外或是身体不适的状况能及时得到救助。

(3)网络控制中心。管理、控制、维修庄园内的网络覆盖设施,在必须要用到网络的地方安装网络系统,在不必要的区域屏蔽网络。

(4)蚕桑人家。蚕桑人家类似于小型度假村,内部建筑相互独立。建筑外观借鉴亭台楼阁的特色,打造简约古代房舍。还原古人的生活方式,保证游客的隐私安全,在网络设施提供上借鉴杭州安缦法云“NO PHONE, NO INTERNET”的理念。开辟能让游客在平心静气地修身场所,通过心灵享受,达到修养身心的目的。

5. 杭嘉湖特色丝织品展区

(1)丝织品展馆。中国织绣工艺品种类繁多,品种结构复杂、花色名目丰富。大多丝绸博物馆展示的织绣工艺品均种类齐全。要想获得竞争优势,本馆需突出展示具有当地特色的织绣工艺品。

展馆分4块:展示杭嘉湖传统特色丝织品,包括辑里湖丝、双林绫绢、杭州织锦等及其制作工艺和工具的介绍。展示特色小工艺品,并定期更换,保留其新鲜度。展示丝绸产品,如服饰、床上四件套等,展示产品可作为购物样品,明码标价,游客可根据样品介绍到指定地点购买。最后是体验区,游客可体验丝绸染色、刺绣、画图写字。

(2)购物长廊。丝织产品购物点,丝织品展馆内的产品能够在这买到。

6. 商业区

商业区为游客主要的购物消费区。庄园的整体建筑古色古香,商业街内的各类店铺、楼房追寻复古,无网络覆盖,让游客产生有穿越之感。

(1)客栈。外观复古,室内布置遵循古代客栈特点,不安装现代网络设备,让游客真正体验古人的生活状态,又能节省成本。客房号可采用"天字一号"替代数字。

(2)茶馆。桑茶为招牌茶饮,创新桑茶与其他茶品搭配饮用的方式,弥补纯桑茶口感欠佳的缺点,亦可让游客自由搭配,开展茶品创意活动。开展说书、曲艺表演、品茶大会等活动吸引游客,以茶会友,从物质享受提升到精神享受。

(3)酒楼。以蚕、桑为制作主料的酒作为招牌酒,蚕蛹药膳作为招牌菜。强调菜肴有机无公害,提供食客精彩的歌舞表演。

(5)工艺坊。配备专业的工艺制作师,包括剪纸、泥塑、风筝、花灯、伞、扇等。游客可学习制作工艺,购买工艺品。

(6)蚕桑百货。商品种类齐全,包括蚕桑食品,丝织品,手工艺品,护肤品等。比购物长廊和会展区的产品更全更大众化,能满足大多游客的需求。

四、桑基鱼塘养生庄园体验活动设计

以体验活动为吸引物,配以养生服务体系。活动时间分散于一年四季,以降低旅游淡旺季的影响。

(一)纪念品设计大赛。纪念品以反映蚕桑养生文化为主题,选材自由,形式多样,艺术体裁不限。从中选出纪念品放在丝织品展馆展示,优秀作品可作为本年度旅游纪念品。这些作品还有机会进行公益拍卖,达到宣传作用。

(二)桑葚采摘节。桑园内桑果品种繁多,且成熟期不同,采摘期长。在节日期间举办开幕式、闭幕式,开展采摘活动,如限时采摘赛。

(三)放飞(风筝)活动。不论老幼均可制作绸布风筝,按喜好在绸布上作画、书写或印染。游客可在空地(露天舞台、祭坛)放飞风筝或将其作为礼物送人。

(四)丝绸服饰设计大赛。举办丝绸服饰设计大赛可积聚世界丝绸爱好者,挖掘潜在市场,促进丝绸消费,树立形象,提升市场定位。

(五)蚕桑养生产品会展。与蚕桑养生产品的生产商或销售商合作,为其提供场地,吸引养生爱好者。

(六)主题书画比赛。湖笔被誉为“毛砚之冠”,用湖笔在绸布上书画,意境悠远。书画能修身养性,佛说:“物随心转,境由心造。”修养心境是养生的最高境界。

(七)蚕桑美食节。以蚕桑为主要食材,开办厨艺比拼活动,并由此选择本年度祭蚕大典的祭品。游客可观厨艺比拼,品美味佳肴,乐趣众多。

(八)祭蚕大典及蚕花娘娘评选活动。祭蚕大典是蚕农们的习俗,有深厚的历史文化积淀。举办祭祀典礼让更多的人了解蚕桑。蚕花娘娘是民俗信仰中的蚕神,评选活动意义特殊,选中者会成为下一届蚕花娘娘,为祭蚕活动做准备。

(九)花灯节。元宵节是中国的情人节,赏灯、猜灯谜是民间传统。用丝绸制作绸布花灯,用湖笔在花灯上作画写谜;吃茧圆代替吃元宵,充分展示蚕桑养生。

(十)摄影大赛。收集养生庄园精美照片,通过网络宣传,吸引更多的潜在游客,扩大市场。

结　语

为积极响应国家促进旅游融合发展的方针政策,在当今“一带一路”时代背景下,全方位发掘杭嘉湖“桑基鱼塘”世界农业遗产的养生旅游资源,不断创新蚕桑养生旅游商务模式,具有重要理论价值与现实意义。本文所提出的蚕桑养生庄园构想,还需要通过实证予以不断完善。大力创新蚕桑养生旅游的新业态、新体验、新产品,深入研究蚕桑产业养生旅游,努力实现旅游产业融合。我们坚信,随着养生旅游的发展与兴起,蚕桑养生旅游一定会拥有辉煌灿烂的明天。

参考文献

[1]Deniz Kucukusta; Vincent C. S. Heung. The Problems of Developing Wellness Tourism in China: From Supply Perspective[J]. Journal of China Tourism Research, 2012,08(02):146~158.

[2]赵云云. 基于产业融合理论的养生旅游集群发展研究[J]. 浙江工商大学,2010(12):I~II

[3]汪秀英. 基于体验经济的消费者行为模式研究[D]. 大连理工大学,2009(04):12

[4]浙江省旅游局编,浙江导游文化基础知识[G]. 浙江:中国旅游出版社,2011(04):36~224

[5]刘旭青. 祈蚕歌与蚕桑文化——以杭嘉湖地区为例[J]. 湖州师范学院学报,2009(10),30~33

[6]养蚕禁忌[EB/OL]. http://www.tourunion.com/info/htm/41916.htm? UU=103841,2009-09-07

[7]许栩. 桑叶——养颜佳品[J]. 东方食疗与保健,2004(03):42

[8]陈清奇. 浙江蚕桑发展史略[J]. 蚕桑通报,1996,27(3):7~9

（该文由张跃西指导徐梅琦执笔完成,在《浙江树人大学学报(自然科学版)》2015 年第 1 期公开发表）

第八篇 08

传统文化保护与文化强国

地名文化国际传播机制创新及规范化

地名是文化传播的重要载体和内容。地名是重要的文化遗产。地名能够承载与传播历史文化和产业信息,能够地理指位与导航。地名用字的“音”与“形”承担着交往与交流功能,体现地名的应用价值;“义”则蕴藏着地名所禀赋和承载的自然属性或人文特征,体现其包括历史、文化、经济等方面的重要内涵,这是地名文化的灵魂。因此,要突出地名“义”的传承和发扬,这是地名文化国际传播规范化的根本要义所在。地名文化作为社会基础地理信息,其所带来的经济效益、社会效益与管理效益日益凸显,在国际人文交流与文化传播中举足轻重。十九大报告明确要求“加强中外人文交流,以我为主、兼收并蓄。推进国际传播能力建设,讲好中国故事,展现真实、立体、全面的中国,提高国家文化软实力”。提升中国文化国际竞争能力,势在必行。地名文化国际传播,值得高度关注与深入研究。

一、地名文化国际传播要融合国家战略需要

地名文化国际传播是文化走出去及竞争能力提升的重要基础。“一带一路”是成功实施中国文化国际传播的经典历史路径,是中国文化对世界文化发展格局做出的独特贡献,是中国文化与欧美文化互融互通的重要桥梁。

地名文化保护建设与国际传播,要主动服务和融入国家战略。一方面,要注重第二次全国地名普查(以下简称“二普”)、地名文化和地名管理的基础理论研究及成果转化研究,以“二普”成果转化为指向,努力打造一批地名文化研究与创意的经典作品;另一方面,突出地名文化研究与国家战略的深度融合,积极推进与“一带一路”、智慧城市、城镇化以及国家重大纪念活动相关的地名研究和应用。

地名文化国际传播工作,要以“一带一路”倡议为牵引,把地名文化研究与考

证向纵深推进。“一带一路”倡议要打造一个政治互信、经济融合、文化包容的利益共同体、命运共同体和责任共同体，努力实现道路联通、贸易畅通、货币流通、政策沟通、人心相通等“五通”格局，必须优先铺设一条坚实而顺畅的地名文化有效沟通之路。为此，我们积极实践、深入探索，将“一带一路”与“地名文化”两个关键词融汇交织，为宣传普及和弘扬“一带一路”地名文化打开一扇崭新的窗口。

二、我国地名文化国际传播中存在的突出问题

地名具有重要的国际政治意义。外国地名“中译”，极尽溢美之词。比如美国、英国、德国及旧金山等翻译方案，确实非常经典；就连进口汽车的品牌也存在“崇洋”的政治倾向，比如“奔驰宝马”等好名词，用来翻译外国汽车品牌；而中国的汽车品牌，用的则是“比亚迪”等。

中国地名“外译”，突出地存在四个重要问题（歧义、歧视、变异、误解）。紫禁城，被翻译成为“禁止进入的城市”Forbidden City。龙，被翻译成“吃人怪兽”Dragon。中国，被翻译成“契丹”或“支那”。北京，被翻译成 Peking。令人费解的是，上述这些问题一直未能得到及时和有效地纠正。

我们可以想象一下，在西方文化背景中，他们是如何理解西湖的白娘子（人蛇情未了）和梁祝（不解风情的梁山泊）两个经典传说？现行文化传播体系下，外国人是如何理解我们“埋子奉母”这种孝文化的？我们是否应该认真思考，中国优秀文化如何面向世界，让世界各国人民喜闻乐见？

在当下的旅游营销中，一些地方领导听信所谓大师的策划，乱改地名或随意解说地名。比如宜春“一座叫春的城市”；合肥“两个胖子欢迎你”。我们认为，这不仅俗不可耐，更是对地名文化的一种亵渎和对一座城市的侮辱。

上述这些地名文化国际传播的严重问题，由来已久。值得高度警觉的是，这些问题已经让人们见怪不怪、习以为常。在建设美丽中国、实现中国梦的新时代，我们必须高度重视这类问题必须采取切实有效措施，坚决纠正与杜绝。

地名跨文化误读是有多方面原因的，但更多的原因还是我们对文化国际传播的内容和方式缺乏深入的研究。有效提升中国文化核心竞争力，必须立足于本土文化的优良传统及其对国际的影响，中国文化才能有效地走出去。同时，还必须要把对方的文化研究清楚，才能采用受众国最能够接受和最适合的语言来表达和传播中国文化和中国故事。针对国际交流中语言互译还不够顺畅的重要问题，迫

切需要组织力量把有歧义、不规范的表述统一整合出来认真研究并有效解决。中国文化国际形象的国别认知,我们研究工作还非常薄弱,更谈不上对外传播战略层面的顶层设计。中国文化国际竞争能力提升,任重而道远。

三、借鉴国际经验,推进地名文化国际传播机制创新

韩国文化国际传播是有一整套战略的。他们以《大长今》起步,到《来自星星的你》,竭尽全力介绍韩国"优秀文化",掀起一波又一波难以抵挡的"韩潮"。已成功让中国人对韩国的文化产品(包括跆拳道、料理和服装)充满好感与好奇心,并在国际文化市场和文化贸易竞争中占据绝对的优势地位。地名文化建设方面,韩国也令人刮目相看。比如,韩国的首都"汉城",因为这个词汇意味着是中国附属国的含义,韩国就将"汉城"改为"首尔"(意思是"天下第一"),并已经被全世界所接受。地名文化国际传播创新的韩国"首尔经验",值得重视。

纵观世界各国的地名文化国际传播经验,我们不难发现有这么几条经验值得我们学习和借鉴:

一是维护民族尊严,坚持文化自信,以我为主有效输出核心文化。地名是具有重要政治意义的。中国近代饱受外国列强的屈辱与压迫,外国列强在给中国很多地方命名时,充满轻视与贬义。如旅顺口港被命名为"Port Arthur",是以中世纪传奇故事的不列颠圆桌骑团的首领命名,因此这个名称带有浓厚的殖民色彩。这一翻译在外国出版的很多地图册中至今仍在沿用。香港已回归 20 多年,但是由于历史原因的殖民化地名(比如,用历任香港总督名字命名的地名)不能再继续使用,应该尽快更名。坚持与弘扬社会主义核心价值观,这是提升文化核心竞争力的根本出发点和关键所在。不少地方,"大洋怪重"地名屡禁不止,个别地方甚至越演越烈,很令人忧心。比如,上海的"泰晤士小镇"、云南丽江的"地中海小镇"、贵州黔西南的"史迪威小镇"与现行的地名法规严重相违背。我们认为,继续使用洋地名甚至新命名洋地名,那就是明目张胆地伤害中国文化,就是在为殖民主义招魂,必须坚决纠正。

二是以受众为本、采取"他人语境"的叙述模式。运用他人语境表达,切实讲好中国故事。要让受众充满好感、喜闻乐见。这是地名文化国际传播的重要途径和方式。针对不同地区不同文化背景的受众的多样需求,我们必须因地制宜,优选国际传播内容。比如,为了让世界更好地聆听普陀山的故事,推动普陀山文化国际化传播，普陀山不应该单纯翻译为"PuTuo Moutain"，音译无法让国际友人充分领略普陀山的文化内涵，应当结合其他语种文化，采用归化的方法重新命名。在英语国家基督教文化语境中，我们认为将普陀山命名为"Angelic Moutain"或许更为合适。

三是创新文化产业链运作模式，大力开拓文化国际市场。我们不能"就地名谈地名，就文化谈文化"。地名文化国际传播要融入国家战略，积极开展顶层设计。要注重"好地名，好故事，好体验"的有效开发与文化产业链的系统化建设和运营模式创新。按照地名文化生态系统的要求，把特色文化、特色产业和风俗民情紧密结合起来，追求"无可挑剔、至善至美"整体营销开拓国际市场。

四是创新文化高端平台，提升国际传播实效。地名文化国际传播，也不仅仅只是翻译那么简单，而是一个系统工程。实际上，地名是一个地方（地域）文化的重要载体。地名文化，集中地体现在地图上，也体现在文学著作、旅游和影视作品中，也与一个地区的主导产业和品牌产品紧密关联在一起。有效提升地名文化国际传播能力，就必须创新文化高端平台。比如，将"一带一路·地名文化国际传播大赛"列为常态化项目。还可以策划并举办一带一路地名诗歌大赛和国际微电影大赛等。我们还要积极创建"中国地名博物馆"，向全世界系统展示中国好地名、好故事和好体验，并力争成为文化走出去的示范工程。

四、加强地名文化国际传播规范化管理的几点建议

综上，我们认为加强地名文化国际传播规范化管理，刻不容缓。当前及今后一个时期，必须重点抓好以下几个方面的工作。

一是加强地名文化传播规范化制度建设。高举习近平新时代中国特色社会主义思想伟大旗帜，贯彻"一带一路"倡议和全球治理的新理念，按照地名文化国际传播的客观规律和中国文化走出去的实际需要，要从弘扬社会主义核心价值观和"以我为主"文化自信维护尊严的角度出发，注重地名文化保护建设与国际传播的政治性、科学性、适用性和有效性，尽快完善我国地名法规。积极创造条件推动出台《地名法》。

二是深化地名学术研究，深刻理解文化差异。要加强地名文化生态系统研究，既要正本溯源尊重历史事实，也要激浊扬清、有所扬弃，更要坚持"古为今用、洋为中用"的原则。加强地名文化传播研究，丰富和发展地名翻译理论。就中国

地名文化国际传播的内容和形式，在深刻理解受众文化差异的基础上，利用音译、意译与创译等多种翻译方法，研究并提出更多的精品力作和传世经典。

三是把握文化政治自信，促进多元文化融通。坚决维护民族自尊，坚持道路自信、理论自信、文化自信和政治自信，理直气壮地反对“崇洋地名”和反“殖民化地名”。要彻底消灭崇洋媚外的思想意识。从根本上改变现有地名文化国际传播过程中比较普遍存在的歧义、歧视、变异及误解等问题。坚持社会主义核心价值观引领，扬弃传统，复兴优秀传统文化。值得注意的是，要在“以我为主、维护自尊”的前提下，兼收并蓄，洋为中用，创造辉煌未来。

（注：本文是 2017 年国家民政部公益性项目“地名文化国际传播机制创新与规范化”研究成果）

地名文化的建设与保护工作亟待加强

中国未来研究会旅游分会副会长、民进浙江外国语学院主委、浙江外国语学院会展经济与管理专业负责人张跃西教授反映:

民进中央原副主席冯骥才先生在《地名的意义》中写道:“地名是一个地域文化的载体,一种特定的文化象征,一种牵动乡土情怀的称谓。”近年来,浙江省非常重视地名文化遗产的保护与管理工作,2012 年修订《浙江省地名管理办法》,明确把地名文化遗产内容纳入地名规划,从而确立了地名文化遗产保护的法律地位。2015 年,民政、文化等多部门联合开展“浙江省千年古镇(古村落)地名文化遗产”认定工作,建立古地名文化保护名录,取得了公认的成绩。但长期积累的一些问题仍相当突出,在一些新地名的命名上尤其凸显,主要表现在以下几个方面。

一是地名的命名与使用普遍规范性不够。政府部门、开发商、建设单位等均可进行地名命名,一些地方对于地名的命名与使用随意性很大,没有考虑当地地名体系的整体性、科学性和规范性。如台州绿心的“飞龙湖”,为了迎合“飞龙在天”的口彩,弃用了地理上更适合的“白石湖”。又如大多数县城都有的铜锣湾,严重歪曲地名的本质特征与文化内涵,造成当地地名文化的断层。

二是地名“西化”之风越演越烈。尤其是新建的居民小区和商业楼盘的命名,开发商多取洋名,以显示产品的高大上,崇洋媚外意识盛行,已成为外来文化入侵。虽然《浙江省地名管理办法》里禁止用外国的地名和人名作为地名,但在实际中,或许是管理力度不够或者监管缺失,如“苏伊士小镇”、罗马公寓、香榭大道、中环大厦之类仍然经常可见。这是一种漠视民族文化、民族自尊和优秀历史文化传统的倾向,严重削弱国人的归属感和自豪感,在提倡“文化自信”的今天,应该加以引导和纠正。

三是关于地名命名的程序标准规范不够完善。由于缺乏严格的地名命名程序、规则规范标准,致使地名命名随意、布局混乱,存在一定程度的无序现象。一些规划管理部门对地名语词文化重要性认识不足,致使有关单位在地名命名过程中随意性很大,动辄叫广场、大厦,实则广场不广、大厦不大;有的地名用词媚俗,如住宅小区"御江帝景""玉玺园"等随处可见,传播腐朽没落的帝王文化。一些地方,特别是住宅小区的地名命名严重存在"先斩后奏"未批先用,在社会上已经造成了恶劣影响,必须尽快予以纠正。

四是经典地名文化尚未得到有效传承。老地名不仅是地理信息的标志,更是地方历史人文印记,是当地社会历史衍变的见证。由于缺乏有效保护与传承,致使经典地名的消失或弱化问题日益突出,对地名文化缺乏认知,对地名文化遗产的保护传承意识淡薄,随意更改和废止老地名的现象屡禁不止。如金华具有重要文化价值的地名"铁岭头",屡遭更改而废弃。同时,对正在积极推进的"特色小镇"建设,也应注意与原有历史小镇的衔接,否则极易淡化千百年传承下来的历史文化古镇。如嘉善的"巧克力甜蜜小镇"如何与所在地的"大云镇"衔接,就是一个值得研究的问题。其他如"梦想小镇""金融小镇"等时尚镇名,也应与当地的传统地名衔接好。一些具有重要文化价值的地名文化,被旅游庸俗化的现象也应引起我省足够的警惕,如"一座叫春的城市","我靠重庆","两个胖子欢迎您"等旅游宣传口号,是对地名文化遗产的亵渎,应当予以坚决纠正。

地名文化建设与保护的上述问题,会产生以下几个方面的不良影响:一是有违"留住乡愁"的要求,严重影响群众生活与生产,影响人们对家乡的归属感、亲和力和凝聚力。二是影响优秀地名文化的保护与传承,不利于今后申报国家级"千年古镇(古村落)"和世界地名非物质文化遗产,如浙江缙云壶镇等一批古镇,就因为地名更改不当而失去申报资格。三是割裂了以地名文化为象征的历史承载,破坏了一个地区民族文化融合、疆域变迁和文化演变的历史印记,甚至破坏了地名的指示地理位置的基本属性。

地名文化保护管理是一项严肃工作和系统工程,为结合落实国务院《关于开展第二次全国地名普查的通知》精神,更好地处理地名文化的保护传承与创新发展,科学地进行地名命名与变更,我们提出以下建议:

一是促进地名文化的科学化,提高全社会对地名文化遗产价值的科学认识。在做好普查、摸清家底的基础上,深入研究我省地名文化发展与地名管理的规律,正确处理好区域的地名文化保护传承与创新发展之间的关系。尽快将《地名规划》纳入各地规划体系并切实做好衔接，加强地名文化的科学研究、地名规划和地名文化遗产旅游规划的编制与实施工作。

二是实施地名变更的程序化，从机制上保障地名文化遗产保护和传承。在现行体制下，在强化各级民政部门的地名文化保护管理的职责的基础上，要尽快构建一套行之有效的多部门协同机制，制定一整套严格的地名审批程序，规范地名的命名、审批及变更，强化查处与纠错力度，推进地名文化保护管理及地名变更的程序化与规范化。决不能因为"媚俗""崇洋"而随意变更地名，更不能放任牵强附会曲解地名文化。

三是推进地名管理的法制化，强化地名文化遗产保护的法治力度。按照新常态下多部门协同管理的要求，在进一步完善《浙江省地名管理办法》基础上，积极探索浙江省地名文化建设保护管理的立法工作，尽快将地名文化保护与建设纳入法制化轨道。地名命名，必须严禁未批先用"先斩后奏"。要强化地名执法力度，做到地名管理有法可依，有法必依，违法必究。

（《浙江民进信息》2017 年第 23 期）

大力实施文化总部工程 加快推进文化强国战略

自党的十七届六中全会明确提出了"文化强国"战略和国际化战略以来,我国提升文化创新能力,大力发展文化创意产业和国际竞争力,大力推动"文化走出去",已经取得了显著成就。但是,我们必须看到:目前我国区域文化发展,普遍存在战略的迷茫、瓶颈的制约、人才的紧缺以及低层次重复建设等一系列问题,具体表现在:创新缺人才、集聚缺平台、产业缺主导、展示缺市场及辐射缺高地等五大问题,已经严重制约着我国的发展方式转变、产业转型升级和推进生态文明的战略实现。我国文化的国际竞争实力仍然不够强,与文化资源大国地位形成强烈反差。

实现中华文化大繁荣与大发展,需要不断地创新与突破。我们认为,大力实施"文化总部工程"是新时期文化强国战略的一种路径选择。我国社会主义核心价值及其理论自信、道路自信、制度自信和我国灿烂文化资源的丰富性与多样性,为我们创建"文化总部"提供了丰富的资源条件与广阔的发展空间,也提供了重要的发展机遇。引领产业转型升级,实施新型城镇化战略,贯彻生态文明"五位一体",建设全面小康和永续发展的美丽中国,都离不开深入贯彻实施文化强国战略,也需要实施"文化总部工程"。具体建议如下:

一、加强研究提高认识,明确文化总部科学内涵和战略意义

文化总部,是某一类文化高度集聚,具有代表性、标志性和复合性功能的核心区域。它拥有"绝无仅有、至高无上"两大诉求。值得注意的是,"文化总部"与"文化中心"和"文化基地"有着根本的区别。"文化中心"或"文化基地"同类型的

可以有很多个;而同类型的"文化总部"则只能是一个,意味着档次的高端性和数量的唯一性。因此,"文化总部"可以形成"绝无仅有、至高无上"的顶端优势。

文化总部的科学内涵十分丰富,主要内容包括:以实现特色化(绝)、国际化(广)、市场化(活)及现代化(新)为战略目标定位,以优势整合(聚合)、研发创新(引领)、发展繁荣(示范)及高地平台(辐射)为主要功能定位。文化总部的核心要素包括核心价值、功能特征、生活方式、民俗风情、社会组织、管理体制、运营机制、产业拓展及时空展示等九个方面;表现形态主要体现在文化制度、社会管理、生活方式、建筑风格、宗祠神庙及民俗节庆等六大方面。文化总部在激活文化资源、拓展文化产业方面应该坚持智力资本化、资源产品化、产品市场化、市场品牌化及服务品质化等五大原则。文化总部的核心竞争力具体反映在文化传承创新力、文化产业生产力、文化进步驱动力和文化传播辐射力等关键指标上。从国际文化多样性和全球一体化的视角来看,文化总部具有不可替代的战略优势和不可限量的发展潜力。

文化总部,不只是满足于物质文化和文化产业的聚集,而应该是更注重发展方式转变,真正代表文化传承创新力的有生力量的高度聚集。一方面,创建文化总部是建设中国特色社会主义先进文化、推进文明进步、服务辐射世界的需要;另一方面,文化总部可以产生文化企业集群效应,可驱动城市相关产业集聚和特色主题文化的繁荣发展。文化总部的创建与发展,有利于建设美丽城乡实现山水生态明秀美、空间布局精致美、产业发展活力美、人居生活和乐美、特色文化灿烂美"五美融合"。

二、科学编制文化总部建设规划,积极开展创新试点示范工程

从政府政策层面,积极鼓励并大力实施"文化总部示范工程"。要注重吸收世界各地文化总部集聚区及文化园区建设的国际经验,紧紧围绕文化总部战略,逐步培育有特色的为企业总部和决策团队提供高端服务的文化总部智慧型新业态,进行政策引导与典型示范带动,以点带面,稳步扎实推进。现阶段,可以现有的文化创意产业园区为基础,高标准地设立一批国家级"文化总部创新实验示范区",制定科学发展规划。政府应该为文化总部提供高效率、低成本、便捷化的品质服务,努力实现文化总部的智力资本化、资源产品化、产品市场化、市场品牌化、服务品质化。

浙江省景宁畲族自治县,已经在全国率先启动《中国畲族文化总部建设规划》,主动开展文化总部的理论创新与实践探索,积极创建四大平台(研发创新、文化展示、品牌传播与文化体验)、实施八大工程(文化传承、文化集聚、文化创新、文化渗透、文化体验、文化养生、文化品牌和文化辐射)。景宁中国畲族文化总部工程建设,可以为全面开展文化总部建设积累宝贵经验,意义特别重大。

文化总部可以根据主题特点划分为不同的类型。以浙江省为例,从该省实际情况来看,可以优先考虑创建民族文化总部(浙江景宁畲族)、影视文化总部(浙江横店)、艺术文化总部(浙江嵊州越剧)、养生文化总部(浙江武义)以及电商文化总部(浙江杭州)等。由此可见,文化总部不局限于大城市,可以是省会城市(杭州)和县城(景宁、嵊州),也可以是城镇(横店)。因此,文化总部的概念具有广泛的理论意义,对当前的新型城镇化具有重要的应用价值。

三、研究出台相应的配套扶持政策,推动文化总部健康持续发展

实施文化总部工程,必须提升政府的服务功能。中央和省级政府要研究出台文化总部建设针对性的配套扶持政策,加快培育一批高品质的文化总部示范工程,以点带面全面推进。政府要从财政税收、重大项目、适用技术、专业人才、土地政策、投融资机制以及社会和谐发展等方面给予要素保障。要在科学编制文化总部建设规划的同时,将文化总部建设的任务纳入官员的政绩考核体系,切实保障实施成效。

文化总部需要尽一切可能搭建功能性的大平台。创新源于整合、智慧源于跨越。创建"文化总部"必须形成吸收并凝聚智慧的动力机制和环境氛围,吸引企业总部的集聚,并把推进企业及其总部发展的智慧资源调动出来,实现共享共融。需要文化创新管理业界和学界共同携手、协同创新,搭建多个跨学科、跨领域、跨行业、跨语言的交流合作平台。为促进文化总部健康持续发展,需着力打造研发创新平台、文化体验平台、文化展示平台和品牌传播平台等四大平台。

(《浙江民进信息》2013 年 292 期)

实施文化总部工程
加快提升文化国际竞争力

中华民族文化建设与文化产业发展,一直得到国家和地方政府的高度重视。围绕实现文化大发展大繁荣的目标,先后出台与实施了包括文化管理、文化产业及文化保护等一系列政策文件,制定出台了《国家“十二五”时期文化改革发展规划纲要》,已经形成了文化生态博物馆、文化生态村、文化生态保护区等组成的文化生态建设体系;在全国兴建了一大批文化中心、文化创新基地和文化创新实验区,成效十分显著。已经涌现出一大批公共文化服务示范区(示范工程)、文化走出去的示范企业和文化品牌。

然而,对照生态文明五位一体、实现中华民族伟大复兴中国梦的战略要求,目前的文化建设文化产业政策方面,还存在以下几个方面的突出问题:

第一、文化生态就地保护、本真溯源及再现展示研究较多,模仿迁移复制有余,研究创新的潜力尚未得到充分发挥;

第二、现行的文化保护政策与策略,“分散多点,各自为政”难以形成合力,文化生态系统(顶级群落)没有得到应有的重视,文化顶级优势难以发挥;

第三、文化生态与体验旅游经济协同发展,尚缺乏相应的政策和制度体系保障。

我们认为,只有深入贯彻十八届三中全会全面深化改革的精神,从理论和政策层面进行创新,才能有效破解上述难题;只有充分发挥中华民族文化的顶级群落优势,才能尽快提升文化软实力和文化产业竞争力。

结合我国实际情况,我们探索性提出了“文化总部”的战略设想。

文化总部的概念。文化总部,指一定地域、一定族群、一定类型的文化在历史沉淀与组织运作双重推力之下形成高度集聚,从而产生的一个对该类文化具有向心性凝聚力与扩散性辐射力效应的核心区域。

“文化总部”与“文化中心”和“文化基地”有着根本的区别。“文化中心”或“文化基地”同类型的可以有很多个;而同类型的“文化总部”则只能是一个,意味着档次的高端性和数量的唯一性。因此,“文化总部”是区域文化生态系统的顶级群落,可以形成“绝无仅有、至高无上”的顶端优势。

文化总部的功能定位。文化总部,一方面具备对一类文化形象的代表性、示范性影响力;另一方面还应具备对该类文化发展的聚合性、创新性引领力。它通常以实现特色化(绝)、国际化(广)、市场化(活)及现代化(新)为战略目标定位,以优势整合(聚合)、研发创新(引领)、发展繁荣(示范)及高地平台(辐射)为主要功能定位。

文化总部的核心要素。包括文化核心价值、功能特征、生活方式、民俗风情、社会组织、管理体制、运营机制、产业拓展及时空展示等九个方面;表现形态主要体现在文化制度、社会管理、生活方式以及建筑风貌、宗祠神庙及民俗节庆等六大方面。文化总部在激活文化资源、拓展文化产业方面应该坚持智力资本化、资源产品化、产品市场化、市场品牌化及服务品质化等五大原则。文化总部的核心竞争力具体反映在文化传承创新力、文化产业生产力、文化进步驱动力和文化传播辐射力等关键指标上。

从国际文化多样性和全球一体化的视角来看,多样化的中国文化总部具有不可替代的战略优势和不可限量的发展潜力。文化总部可以根据主题特点划分为不同的类型。例如,景宁作为全国唯一的畲族自治县、华东唯一的民族自治县,拥有绝对优势的文化资源、优质的软硬设施,可以尝试探索与实践“全国畲族文化总部”。为此,我们建议:

第一,从国家层面,大力扶持文化总部建设。如可扶持景宁创建“全国畲族文化总部实验区”,为全国文化总部的理论研究与探索提供样本。

第二,加大文化总部理论创新研究的扶持力度,科学规划统一部署,积极开展“文化总部试点示范工程”,大力推进文化总部建设。

第三,围绕文化生态系统演进的规律,理性配套相关扶持政策和制度体系,加快区域文化生态与体验旅游经济协同发展,加快推进文化走出去的步伐。

(《浙江民进信息》2014 年第 69 期)

建议我省率先开展地名文化联合执法与分级保护

2008 年 8 月纽约・联合国第九届地名标准化会议上提出“地名属于非物质文化遗产”。我国政府历来高度重视地名这个非物质文化遗产和地名文化遗产的保护工作,先后出台了《关于加强我国非物质文化遗产保护工作的意见》(国务院办公厅,2005)、《中华人民共和国国家通用语言文字法》、《地名管理条例》、《地名管理条例实施细则》、《地名标志》国家标准(GBl7733 - 2008)和《国务院关于开展第二次全国地名普查的通知》(国发〔2014〕3 号)、《第二次全国地名普查实施方案》(国地名普查组发〔2014〕1 号)等法律法规和文件规定,各级党委、政府把加强地名管理和地名文化遗产保护工作,摆上较为突出的位置。充分调查、挖掘、整理地名文化资源,保护地名文化遗产,传承和弘扬地名文化,清理整治地名中存在的“刻意夸大、崇洋媚外、怪异难懂、重名同音”(简称“大、洋、怪、重”)以及随意更名等不规范现象,进一步规范地名命名、更名、发布和使用,提升地名法治化、科学化、标准化水平,营造规范有序的地名环境,使地名更好地体现和彰显社会主义核心价值观。浙江省的非物质文化遗产保护和地名文化保护工作扎实推进取得了显著成就,曾受到了文化部和民政部的表彰。

但是,按照现行的法律法规,在地名管理和地名文化遗产保护方面,还存在违规行为的惩治执法力度严重不够,致使一些地方和个别领导总是抑制不住“随意改地名的冲动”的问题;一些商业地产和旅游项目,出于商业利益的动机,仍然热衷于崇洋媚外、肆意使用“洋地名”且屡禁不止,大有层出不穷的势头的问题。这不能不引起我们的警觉。上述问题,全国较为普遍,浙江也有表现,必须采取切实措施予以解决。

2014 年 10 月 15 日,习近平主持召开全国文艺工作座谈会就明确提出“没有中华文化的繁荣昌盛,就没有中华民族的伟大复兴”。拥抱新时代、履行新使命,加大地名文化建设与保护的力度,浙江要继续发扬“敢为人先”的精神。为此,我们提出以下建议:

一是按照习近平新时代特色社会主义思想的要求,我省要进一步修改与完善《浙江省非物质文化遗产保护条例》和《浙江省地名管理办法》,增补“由民政厅牵头,组建地名文化遗产保护联合执法队伍”,切实加强执法,加大惩治和查处力度。

二是率先出台与实施《浙江省地名文化分级保护办法》。地名属于非物质文化遗产,建议将地名文化纳入非物质文化遗产保护内容。尽快遴选一批省级地名文化遗产(保护名录),进而争取国家级,乃至联合国地名文化遗产,为全国地名文化保护打造“浙江样本”。

三是加强地名文化队伍建设,强化专业人才保障。依托基础条件比较好的高校,创建一批地名文化研究和培训基地,特别要加强针对县级及以下的基层地名文化保护与建设的系统化培训,强化基层地名文化服务能力的提升。

(《浙江民进信息》2018 年第 11 期)

建议尽快出台“中华人民共和国地名法”

我国历史悠久、幅员辽阔,人们在长期的实践活动中创造了大量丰富多彩的地名文化遗产。这些地名文化遗产记录了中华五千年文明的历史进程,蕴含着中华民族特有的精神价值和思维方式,是中华文化的重要组成部分,是宝贵的具有重要传承价值的文化资源。习近平总书记多次强调,要规范地名管理,保护地名文化,传承弘扬中华优秀传统文化。加强地名文化遗产保护,对于满足人民群众精神文化需求、培育社会主义核心价值观、弘扬中华传统文化、增强文化自信和中华民族凝聚力具有重要意义。

近年来,各地不断加强地名文化遗产保护工作,取得了积极成效。1996 年 6 月,国家民政部颁布了《地名管理条例实施细则》,针对 1986 年 1 月国务院发布的《地名管理条例》中部分条款过于原则笼统、实施困难的问题进行了一定的弥补。各地还相继成立了管理地名的行政机构,许多省市还出台了地方性的地名管理法规,对地名文化建设与保护工作起到了一定的促进作用。但我们必须清醒地认识到,地名文化遗产保护意识不强、措施不得力、制度不健全等问题还比较突出,乱改地名现象屡有发生,许多地名文化遗产受到破坏,引起了社会各界的广泛关切。一方面,《地名管理条例》存在严重的局限性。比如其中的第六条第八款规定:“地名的命名、更名工作,可以交地名机构或管理地名工作的单位承办,也可以交其他部门承办;其他部门承办的,应征求地名机构或管理地名工作单位的意见”。地名命名、更名工作因此而存在“多头管理”,为一些人“随意命名和更名”地名大开了“方便之门”,这是地名文化建设与管理存在一定的混乱现象且屡禁不止的重要原因。另一方面,《地名管理条例》在效力和层次上毕竟不能代替地名法。

为此，我们建议：尽快出台“中华人民共和国地名法”，保障地名文化主体及相关者的合法权益，规范地名文化生态系统秩序，有效保护和合理利用地名文化遗产资源，促进地名文化生态系统持续健康发展。

《浙江民进信息》2017 年 167 期

附件：

2012年以来，民进省委会采用张跃西会员上报的信息目录

2012年

2012.163 省直 张跃西 建议举办“杭州·国际运河文化博览会”

2012.214 省直 张跃西 关于举办“杭州·中国生态文明博览会”的建议

2013年

2013.168 省直 张跃西 纠偏国内学校的英语教育已经刻不容缓（民进中央采用）

2013.194 省直、台州 张跃西、陈远明 发展浙江避暑旅游经济的几点建议（浙江省政协采用）

2013.235 省直 张跃西 建议尽快编制全国乡镇主体功能区规划

2013.292 省直 张跃西 大力实施文化总部工程 加快推进文化强国战略

2014年

2014.069 省直 张跃西 实施文化总部工程 加快推进文化强国

2014.169 省直 张跃西 “五水共治”系列信息之十二：系统推进“五水共治”工作的几点认识

2014.292 省直 张跃西 新时期进一步优化我省开发区体制的几点建议

2014.294 省直 张跃西 智慧旅游亟盼政府有关部门智慧推动

2015年

2015.107 省直 张跃西 实施大东海战略 推动浙江再创新优势

2016 年

2016.198 省直　张跃西　　关于国际化旅游人才供给侧改革的几条建议

2016.215 省直　张跃西　　抓住机遇　将省会杭州打造成优秀的国际会展城市

2016.272 省直　张跃西　　必须高度警惕外国机构借“规划”威胁国家安全（民进中央采用、全国政协转送，2017 年民进浙江省委会参政议政优秀成果二等奖，2017 年民进中央参政议政优秀成果三等奖）

2017 年

2017.006 省直　张跃西　运用“特色小镇”思路全面激活古镇（古村落）保护

2017.023 省直　张跃西　地名文化的建设与保护工作亟待加强

2017.058 省直　张跃西　加快“健康浙江”建设的若干政策建议

2017.163 省直　张跃西　建议通过创新养生茶馆模式推动中国茶文化走出去

2017.168 省直　张跃西、郭占恒　建议尽快研究出台《大数据保护法》

2017.176 省直　张跃西　建议尽快出台《中华人民共和国地名法》

2017.188 省直　张跃西　关于深化“湾区战略”优化行政区划强化杭州战略枢纽城市功能的建议

2017.203 省直　张跃西　运用溇港生态工程有效治理太湖蓝藻

2017.245 省直　张跃西　建议积极创建宁波“国家陆海统筹示范区”

2017.246 省直　张跃西　关于创建浙江民族发展干部学院的建议

2018 年

2018.011　省直　张跃西　建议我省率先开展地名文化联合执法与分级保护

2018.022　省直　张跃西　撬动大东海战略合作　积极应对美国战略安全威胁

后　记

党的十九大已经吹响了“建设社会主义强国”的号角。我们中国已经由“跟随参与型”国际化正在向“主导引领型”国际化战略转型。习近平新时代中国特色社会主义思想,为我们推进“一带一路”倡议实现国际化战略转型明确了根本方向。我们今天实施的国际化战略,是坚持“道路自信、理论自信、制度自信和文化自信”国际化,是提升中国走出去能力的国际化。

共产党领导的多党合作和政治协商是我国的基本政治制度。参政议政、建言献策,是我们中国民主促进会的重要政治任务。团结合作、善作善成,是我们勇于担当、履行职责的重要前提;想干事、会干事、干成事,是我们有所作为,不辱使命的不懈追求。不忘初心,竭尽所能,贯彻落实“为国家尽责、为执政党助力、为社会服务”,是民进会员的重要职责之一。

近年来,我陆续承担了省部级和民进浙江省委会立项的多项课题研究,特别是在围绕新时代国际化与战略转型的重要课题研究和规划编制方面,比如《地名文化国际传播机制创新及规范化》《全国畲族文化总部发展规划》《地名文化遗产保护总规划导则》及《民族地区全面建成小康社会研究》等等,取得了一批具有学术价值的研究成果。在民进浙江省委会和浙江外国语学院党委领导和支持下,在参政议政、民主监督和社会服务等方面做了一定的实际工作,曾连续两次被评为民进浙江省优秀会员(2007－2011、2012－2016),先后被授予省级“参政议政积极分子”“社会服务之星”和“优秀基层组织负责人”等荣誉称号。

在民进省委会调研处领导老师的关心支持和指导帮助下,立足全国和全省的国际化战略高度坚持社会需求导向和问题导向深入开展研究。在民进省委会调研处的帮助下,不少成果被转化为社情民意信息,上报并被采纳。受郭占恒先生的启发，结合民进浙江外国语学院支部成立35周年纪念的契机，我对2012年以来参政建言的主要成果进行了系统梳理。这些成果中有多篇被民进中央采用；《高度警惕外国机构借规划威胁国家安全》获得民进中央参政成果三等奖；《加强地名文化建设与保护》被民政部列为全国政协重点提案。这些建议，为党和政府按照新时代要求实施国际化战略，不断优化决策，发挥了很好的推进作用。

在相关课题研究和本书写作过程中，得到省委政研室原副主任、浙商研究院副院长郭占恒先生的悉心指教并作序；民进省委会蔡秀军、刘毅等领导提供平台并悉心指导，民进省委会林晓燕处长、马玉君处长、宋涛主任、陈志威和卜康康老师等以及民进浙江外国语学院支部王学杰、方起东等领导和专家给予的大力支持和帮助；浙江外国语学院省级一流学科工商管理（旅游管理学）负责人、副校长兼组织部、统战部部长张环宙教授，科研处领导和徐荣祥老师以及国际经济与旅游管理学院的领导和同事的大力支持，谨此一并致谢！

张跃西

2018年2月22日